养老产业与体系构建系列

适老性研究与实例解析
——以香港社区为例

臧 鹏 著

中国建筑工业出版社

图书在版编目（CIP）数据

适老性研究与实例解析：以香港社区为例 / 臧鹏著
. —北京：中国建筑工业出版社，2022.3
（养老产业与体系构建系列）
ISBN 978-7-112-27002-6

Ⅰ.①适… Ⅱ.①臧… Ⅲ.①老年人－社区服务－研究－香港 Ⅳ.① D669.6

中国版本图书馆CIP数据核字（2021）第276072号

本书回顾了历史上香港特别行政区政府的长者政策，然后对目前的长者居住环境进行调研；对香港特别行政区政府和非政府机构正积极推行公屋优先租住计划，以及兴建长者住屋加以解析。最后，以衡量香港在地安老的可行性、不同类型社区的使用后评价，及"通用设计"的可能性。希望能提供建议及设计指引，为香港关心长者的优质居住环境作出贡献，同时为我国其他地区提供参考。

责任编辑：刘文昕　刘颖超
责任校对：刘梦然

养老产业与体系构建系列
适老性研究与实例解析
——以香港社区为例
臧　鹏　著

*

中国建筑工业出版社出版、发行（北京海淀三里河路9号）
各地新华书店、建筑书店经销
北京建筑工业印刷厂制版
河北鹏润印刷有限公司印刷

*

开本：787毫米×1092毫米　1/16　印张：7¾　字数：200千字
2022年6月第一版　　2022年6月第一次印刷
定价：**48.00元**
ISBN 978-7-112-27002-6
（38743）

版权所有　翻印必究
如有印装质量问题，可寄本社图书出版中心退换
（邮政编码 100037）

序

1970年代中，香港从一个工业城市渐而成为金融城市，及至1980年代，乘着内地改革开放的春风，香港经济逐渐高涨，城市设施不断改善，成为亚洲璀璨的明星城市，吸引着外资、内资和四面八方的旅游者。除了中环和金钟商务区的耀眼办公楼，香港的私人屋苑和公共屋邨，在高密度的条件下，创造出方便生活、便利交通的特点。吸引内地城市建设和设计人员学习探访。

我从1980年代的建筑杂志开始了解到香港建筑的发展，过去20多年则浸淫在香港的环境里生活和工作。2010年起，我开始着意收集香港建筑的材料，有数位博士研究生跟随我，将香港的建筑环境定为自己的课题。2012年，臧鹏同学来香港城市大学，先是做研究助理，一年后，开始攻读博士研究生课程。她把研究题目定在老人住宅，不仅因为中国内地和香港的老龄化正在上升，而且出于她自身和家庭的切身体会。她做社区适老性的研究，也广泛地参与其他香港建筑的研究活动，这使她对香港的高密度环境和城市设计对策，有深刻的认识。在学期间，已经有几篇论文发表。臧鹏于2016年底通过论文答辩，考试委员会对她所用的严谨方法深表赞赏。之后，臧鹏博士去广州工作，在教书育人、女儿绕膝的同时，将其毕业论文重写成中文书稿《适老性研究与实例解析——以香港社区为例》，我读之倍感亲切，仿佛重温了师生冥思搔头、促膝对谈、一字一句推敲内容和英文的五年岁月。

《适老性研究与实例解析——以香港社区为例》一书有几个特点：

一是文献阅读部分扎实深厚，臧鹏在读书期间，大量阅读了建筑、规划、社区和养老方面的书籍、文章、政府报告、规划建筑条例，这些内容有的是西方社区的特有问题，有的是在香港和内地情况下的特例，有的文献被广泛引用，在此领域具有权威性。因此，任何人做养老规划的课题，可以先读臧博士此书，一书在手，网罗先前的大致情况和研究基础，可以少走很多弯路。

二是研究方法严密。臧鹏的做法是先进行一轮调研计划，将香港屋邨、居民、管理、设计专家的第一手深入访谈资料，在软件进行筛选，选出使用者和专家认为最重要的概念。在第二轮调研中，作者采用国际体能运动问卷长者版，询问老人过去一周的活动情况，在六个地区进行勘察和问卷调查，这六个地区分布于港岛、九龙和新界，有公共屋邨、私人社区和高档住宅区，有平地和坡地。在每一案例地区，作者列出法定图则（outline zoning plan）、街景、社区和房屋介绍，对每一地区用GIS作图和节点图，计算密度和混合度，汇总GIS分析结果，对运动问卷汇总。这些计算结果出来后，将老人的运动情况和环境特征进行相关性分析，可以看出某类环境因素，对老人的体能活动，产生了推动或阻碍作用。这些结论有的和海外权威文献吻合，多数更凸显了香港或华南地区的环境、生活和文化特征。作者所采用的方法，可以用于社区适老性的研究，也可用于其他室内外环境-行为的研究，十分具有说服力。

三是展现了香港住宅实体和政策演变的丰富历史。香港地少人多，750万人口，和每年几千万的访客，主要集中在200多平方公里的土地上。用何等的密度和方法来建设私人和公共屋邨，香港过去70年不断地在实践中碰撞尝试，已经做了许多生动和有趣的探讨，各时期的住宅都在诉说着那段时期的故事。臧博士的书并不专攻建筑历史，却在文献综述和案例介绍中娓娓叙说居民生活的日常环境，阅读起来十分好看，这是她居住香港五年并持续关注的副产品。

我希望臧博士能够将本书开展的研究方法继续提炼，在广州、华南和其他城市，在适老住宅和其他建筑类型上广泛应用。为广大城乡人民服务的建筑学应成为基于科学的学问，而非人云亦云的艺术家随心所欲。祝臧博士不断挑战新的高度。是为序。

薛求理
2021年初夏，香港又一村

前　言

中国的香港特别行政区和全球许多其他地区都面临着人口老龄化的挑战，为应对这个问题都出台了一些策略，例如，联合国提出了老年人成功老化的原则，并鼓励社区照顾，以此作为指导原则。每个国家或地区都有自己的探索和解决方案；新加坡和日本因有高密度城市，可能采取与中国香港类似的方案。本书首先回顾历史上香港特别行政区政府的长者政策，然后对香港目前的长者居住环境进行调查。香港特别行政区政府和非政府机构正积极推行公屋优先租住计划，以及兴建长者住屋。然而，对使用者反馈与满意度的研究还缺乏质与量。优先计划确保了香港公屋的数量，但重点已由"基本需求"转为"有品质的选择"。这方面的研究也很匮乏，而正是这一点推动了本项研究的开展。本研究方法包括回顾历史上城市化形态下不同类型的长者住屋，分析其形成和发展，以及调查现时香港的长者居住环境。运用扎根理论，通过实地调查、问卷调查、访谈等方式，找出影响老年人生活环境的最重要因素及存在的问题。此外，本书还将采用环境行为学理论和环境心理学理论进行分析。环境行为学理论更注重社会交往、审美感知、人与人之间的交往和互动，从人的维度出发，而不仅仅是建筑的形式、文脉、类型学。强调环境和人相适应，这对老年人尤为重要，老年人经历从工作到退休的转换，大部分时间都在社区度过，社区设计的质量和适老性决定了他们的生活质量。随着老龄化成为一个国际性问题，在香港也需要进行环境行为研究。采用 GIS 和 SPSS 等软件对数据进行分析，研究结果揭示了环境因素与香港老年人活动的关系，为城市和建筑设计的宏观、中观和微观层面的规范提供建议。研究场所精神，包括建筑本身和周围的城市环境，对环境属性，如娱乐和商业、土地混合度，以及街道连接性、交通和美观等进行了讨论；得出的结论是，香港的出行目的地选择丰富，拥有发达的公共交通网络，还有文化因素，这可能是导致与西方的长者相比，体能运动水平更高的原因。研究结果用以衡量香港在地安老的可行性、不同类型社区的使用后评价，以及"通用设计"的可能性。希望本书提出的建议能为香港关心长者的优质居住环境作出贡献，同时为我国其他地区提供参考。

本书由笔者在香港城市大学的英文博士学位论文《香港社区适老性设计》翻译改编而成。笔者于 2013 年 9 月起受香港特别行政区政府全额奖学金资助，在薛求理教授的指导下，于香港城市大学攻读博士学位，至 2017 年 7 月取得学位证。2017 年底起以"青年百人"引进人才岗位受聘于广东工业大学建筑与城市规划学院。

最后，感谢薛求理教授对我的悉心栽培与大力指导，同时为这本书作序。薛教授的高风亮节与谆谆教诲，是我学术生涯的明灯。感谢我的副导师陆毅教授，以及许多其他老师、师兄弟姐妹和同学对我的帮助。感谢我的研究生仇华龙、鲜霏、张海帆、陈凯汉进行校对工作。感谢家人对我的鼓励与支持。感谢宝贝女儿的出生，她的到来令本书的出版延迟了两年。本书受笔者的国家自然科学基金青年项目"在地安老模式下社区环境对老年人步行行为影响研究：以广州市为例"资助（项目批准号：51908135）。

臧　鹏

目 录

第1章 老龄化的挑战 001

第2章 香港特别行政区养老政策 006
    2.1 纵向研究 006
    2.2 横向研究 008
    2.3 设计考虑 014

第3章 基于环境行为学理论的适老性研究概论 016
    3.1 E-B关系的社会——生态模型 016

第4章 第一轮——试点调研 025
    4.1 第一轮——试点调研 025
    4.2 社区背景及场地调研 026
    4.3 专业人士访谈 037
    4.4 结果 053

第5章 第二轮——案例研究 058
    5.1 第二轮——社区案例研究 058
    5.2 背景 061

第6章 案例研究——宝琳新都城 065

第7章 案例研究——红磡黄埔花园 070

第8章 案例研究——青衣长安邨 076

第9章 案例研究——乐富的乐富邨 082

第10章 案例研究——天水围柏慧豪园 087

第 11 章　案例研究——数码港碧瑶湾 ·· 091

第 12 章　讨论——向香港学习什么 ·· 095
  12.1　环境与体能运动关系 ··· 098
  12.2　SES 与 PA ··· 100
  12.3　结论与展望 ··· 101

缩写一览 ··· 105

附录 A　香港特别行政区政府统计处老龄化数据 ···································· 106

附录 B　知情书 ·· 107

附录 C　国际体能运动问卷——长者版（IPAQ-E） ································ 109

附录 D　环境审计工具 ··· 111

附录 E　术语表 ·· 114

*建议先阅读"附录 E　术语表"，再使用本书；
本书图片除注明出处外，均属作者所有。

第1章 老龄化的挑战

香港特别行政区对老年人的住房规划有悠久的历史,以及确保未来可持续发展、老年人健康生活和成功老化的各种策略。香港房屋委员会(HKHA)作为法定机构,向低收入家庭提供可负担得起的公屋。同时,许多非政府组织也为老年人建立了不同类型的住房,例如慈善机构、宗教组织、香港房屋协会(HKHS)和私营机构。近年来,在提供社区护理的同时,促进在地安老成为住房发展的一项原则。另外,在各个方面都采用了通用设计。然而,目前还没有对这些建筑和室外环境进行系统的研究,尤其是对使用后评价(POE)和使用者即老年人感受的研究,这促使笔者对其进行探索。针对人群是居住在社区的身体健全的老年人。对于那些生活在福利机构提供的养老院,或需要在医院长期医疗护理的孱弱的老年人,不包括在这项研究之内。

在当今社会中,老年人(65岁及以上)的相对和绝对数量有了显著增长,这对生物学、社会学和行为学以及医学均提出了挑战。根据香港特别行政区政府统计处于2020年9月9日最新发布的2020~2069年人口推算报告[①]:

预期香港未来人口将持续高龄化。随着第二次世界大战(简称"二战")后婴儿潮出生的人士踏入老年,65岁及以上长者的人口推算在未来20年将增加接近一倍。撇除外籍家庭佣工,长者人口由2019年的132万(占总人口的8.4%)上升至2039年的252万(33.3%)。相较前20年(1999~2019年)约61万的升幅,未来长者人口上升的速度明显加快。另须留意的是,长者人口超过250万的情况将维持最少30年。至2069年,长者人口推算达258万(38.4%)。与此同时,由于生育率维持低水平,推算15岁以下人口的比例由2019年的12.2%逐渐下降至2069年的7.6%。

未来人口年龄结构的转变亦可从总抚养比率显示出来。总抚养比率是每千名人口中15岁以下和65岁及以上人口数目相对15~64岁人口的比率。撇除外籍家庭佣工后,该比率推算由2019年的441持续上升至2069年的853。

年龄中位数[②]的上升也可反映人口高龄化的趋势,预计年龄中位数将会由2019年的45.5岁上升至2039年的52.5岁,再进一步上升至2069年的57.4岁(不包括外籍家庭佣工)。

---

① 香港特别行政区政府统计处,详见官网。
② 将全体人口按年龄大小排列,位于中间的年龄。可用来代表整个人口的年龄水平。

香港在20世纪80年代进入老龄化社会，目前仍处于快速老龄化的过程中。到2016年左右，老龄化指数达到了14%，成为老龄化社会。到2033年，65岁以上老年人口将占总人口的比重达到27%。其他统计数据见附录A。随着社会老龄化形势的日益严峻，社区设计的研究也成为一个越来越紧迫的课题。这些老年人如何能够顺利地走向老化，如何提供一个适宜的居住环境，是本书的长远意义所在。有鉴于此，研究受到以下问题的推动：

1. 老年社区设计的类型

（1）香港的养老设施有哪些？（事实记录）

（2）历史上不同类型的设施是如何发展的？（事实记录、背景、原因和分析）

2. 设计与社区关系

（1）环境是如何设计的？（事实记录、设计简报、图表）

（2）它们如何与社区联系？（到公园、商场等的距离）

3. 使用者反馈（使用者调查、使用后评估）

（1）老年人的日常活动是什么？（观察）

（2）他们对自己生活的环境有何感受？（调查）

（3）香港专业人士如何看待老年人的环境？（专业人员调查）

4. 建议

（1）在不同类型的社区设计中，使用后评价和比较的结果是什么？

（2）对社区中的在地安老长者有何建议？（设计建议、准则）

随着我国老龄化形势日益严峻，国家提出了"9073"的养老布局，即90%的老年人在社会化服务协助下通过家庭照料养老，7%的老年人通过购买社区照顾服务养老，3%的老年人入住养老服务机构集中养老。如何在社区环境这个重要载体中促进成功"在地安老"（Ageing-in-place）是亟待解决的问题。体能运动对健康至关重要，而步行是最简单可行的方式。本书提出研究社区环境因素与老年人体能运动的关系，具有极大的现实意义与理论价值。建立多学科交叉的理论方法，结合城市大数据应用的研究框架，辅以小数据调研佐证，基于环境行为学理论，落脚建筑学属性，对社区环境如何影响长者体能运动，特别是800米步行范围内的社区空间，包括现行规范中的居住区公共设施等，完善社区环境适老性评价指标体系，通过环境因素与长者运动在SPSS中的相关性分析，最终形成基于促进体能运动的社区适老性规划模式，为规划设计提出合理建议与改进策略。

城市设计如何影响运动行为对规划理论至关重要。许多规划理论，如新都市主义、积极生活、智能生长，都将建成环境视为影响老年人宜居性的重要组成部分。20世纪60年代末和20世纪70年代，在建筑学及城市规划领域的研究中，美国社会学家和城市理论家威廉·怀特（William Whyte）开展了"街头生活项目"（Street Life Project），对纽约市的户外公共空间进行了革命性的前沿研究。怀特花了几个小时拍摄和记录公共场所的人类行为。与此同时，凯文·林奇（Kevin Lynch）发表了他的开创性著作《城市意象》（The Image of the City），首次强调社会学家和设计专业人士的重要性，对城市设计和建筑环境用定量测量方式改进。阿兰·雅各布斯（Allan Jacobs）也出版了《伟大的街道》（Great Streets），运用大量同比例地图、剖面图，总结和比较了世界各地伟大街道的异同。积极生活（Active Living）是城市规划理论的重要组成部分，如新城市主义、智能生长等。积极生活的机会和基础设施是社区设计、宜居和健康的重要方面，尤其是对退休在家，大部分时间在社区度过的长者而言。

本书亦为"在地安老"提供理论支持与依据。研究表明老年人会对近距离的事物和社会关系场所产生更强的依赖性。城市化（Urbanism）所表达的亲密关系主要体现在两个层面上：简洁紧凑的建筑环境（物理层面上）和由此环境所形成的集体身份（社会层面上）。城市设计能否在物理和社会的双重结构上体现出亲密感（Closeness）就显得尤为重要。菲利普·斯坦福（Philip Stafford）通过对马丁·海德格尔（Martin Heidegger）、约翰·伯格（John Berger）和地理学家段义孚的著作的梳理，将"地方"的意义从"家"中抽离出来，进而从更大的空间、社会和精神层面上理解"地方"。为了更好地从社区的层面思考城市设计和社区建设，构建一个超越家庭的物理和社会的空间，我们先要理解什么是社区。我们不应简单地将"在地安老"等同于居家安老。

本书旨在研究社区建成环境对长者体能运动的影响，包括社区居家养老设施（其概念参考《养老设施建筑设计规划》：为社区内处于不同生理阶段的老年人提供居住、生活照料、医疗保健、文化娱乐等多项养老服务的建筑统称）及既有的居住区配套设施包括公共管理和公共服务设施（学校、运动场、医院、社区中心等）、商业服务业设施（商场、超市、餐饮、健身房等）、交通场站（轨道交通、公交站等）等。此外，公共空间（公共绿地，如公园、广场；道路用地等）也将被纳入研究。相对于普通的公共养老设施，更强调社区的概念，依托社区原有的设施及资源，设计社区中缺乏的老年人服务功能，即老年人按照自己习惯的生活方式，在家中得到子女照顾的同时，由社区内的多种设施提供养老服务。该模式将社区和居家各项养老服务相结合，形成全面、互补的养老服务结合体。

本书的背景再次强调，老龄化正成为一个越来越紧迫的问题；物理环境应鼓励他们进行体能运动，因为他们的身体机能越来越有限，害怕进行户外活动。不同的环境特征与不同的体能运动有关。本书主要调查了三种体能运动，最常见的是散步；中度体能运动，大约需要3~6代谢当量，如园艺和清洁；重度体能运动，大约需要大于6代谢当量，如慢跑和跑步。环境行为理论更注重社会互动，审美观念，人与人之间的接触以及建筑与人之间的相互作用，以人为本，而不仅仅是建筑的形式、肌理、类型等，它强调的是环境和人的适应性。环境行为学相关研究反复表明，3D框架中的变量：密度（Density），土地使用多样性（Land-use Diversity）以及面向行人的设计（Pedestrian-oriented Design）对体能运动（Physical Activity，PA）的重要性。最新的研究扩展到5D，另外两个D是：到交通的距离（Distance to Transit）和目的地可达性（Destination Accessibility）。对个人因素的度量方面，被调研者的年龄、性别、教育程度、健康状况等人口特征指标通常也被记入问卷，并作为数据分析的协变量。体能运动包括静坐（Sitting）、步行（Walking）及中强度体能运动（Moderate-to-Vigorous Physical Activity，MVPA）。其中，步行又可分为娱乐性步行（Recreational Walking）及交通性步行（Transportation Walking）。通常研究范围为800米缓冲区。城市形态涉及建筑环境的物理方面，即街道、街区、地块和建筑物等关键要素，以及塑造这些关键要素的转型过程。换句话说，城市形态学可以看作对建筑环境的形式，结构和演变的一种分析抽象。由于设计旨在分析，组织和塑造热闹的城市场所的城市形态及相关功能，因此城市设计与城市形态密切相关。尽管城市设计所关注的不只是形态方面，但是这两个领域对于理想城市形式的基本组成部分使用了相同的语言。因此，对城市形态的深入了解将有助于产生良好的城市设计。许多传统的城市形态学分析都集中在小规模（历史性）地区和传统建筑类型上。一些将城市形态学与城市设计联系起来的研究总体上是定性的，因此需要在城市形态学中引入新的技术和方法。

为应对严峻的老龄化形势，联合国在老龄问题世界大会上提出了"独立、参与、照顾"口号，为此，我们需要制定更明确的、可操作性的、符合中国国情的措施，以更好地帮助我国老年人实现成功老化。一般来说，成功老化包括日常生活功能正常，认知功能正常，无抑郁症状，及良好的社会支持；积极老化（或活跃老化）还包括投入老年生产力运动等。随着"在地安老"的概念在世界范围内推广，社区环境变得日益重要。我国国情决定了不能简单地照搬西方养老模式，而应更多地思考如何在普通的社区中提高中国长者的生活质量。高品质的步行范围不仅反映了社区的核心价值，也体现出对环境、社会和健康等问题的关注。长寿必须具备持续的健康、参与和安全的最优化的过程，以便促进民众老年生活品质。现有的关于环境因素与运动相关性的研究在影响因素分析、模型构建方面形成了较完善的理论体系。研究表明在具有一定环境特征的社区人们更容易走路，特别是在交通性步行方面。然而，大多数此类研究都是在西方国家进行的，其城市人口密度、公共交通系统及社会经济地位与中国不同。关于物理环境中哪些因素与中国当地环境中体能运动有关，我们知之甚少。决定是否步行可能会受到各种社会和内在因素的影响，例如自我效能感、社会支持和对步行益处的了解。步行主要发生在邻里街道和公共设施中，这些地方安全、舒适和有吸引力等特征影响他们的步行程度。特别是对于老年人，因其已经退休在家，大部分时间都在社区中度过，社区的质量直接决定了他们的生活质量。本书旨在对社区的环境因素如何促进老年人体能运动方面，特别对是步行范围内的社区公共设施空间提供设计建议与指导。

参考文献

［1］余珮珩，朱佩娟，庞哲，等. 老龄化背景下社区适老性空间分异研究［J］. 城市地理. 2016，24：261-264.

［2］斯科特·鲍尔，张晶晶，王千. 老龄化宜居社区设计［J］. 城市住宅. 2016，11：88.

［3］Sener I N，Lee R J，Elgart Z. Potential Health Implications and Health Cost Reductions of Transit-Induced Physical Activity [J]. Journal of Transport & Health, 2016, 3 (2): 133-140.

［4］Lee I M, Shiroma E J, Lobelo F, et al. Impact of physical inactivity on the world's major non-communicable diseases [J]. Lancet. 2012, 380 (9838): 219-29.

［5］龙瀛，赵健婷，李双金. 中国主要城市街道步行指数的大规模测度［J］. 新建筑. 2018，3：4-8.

［6］Deepti, Adlakha. Quantifying the Modern City：Emerging Technologies and Big Data for Active Living Research [J]. Frontiers in public health, 2017, 5: 105-105.

［7］Whyte W H. The Social Life of Small Urban Spaces [M]. Washington, DC: The Conservation Foundation, 1980.

［8］Lynch K. The Image of the City [M]. Cambridge, MA: MIT Press, 1960.

［9］Jacobs J. The Death and life of Great American Cities [M]. New York: Random House LLC, 1961.

［10］张旭. 基于老年人行为模式的居住环境建构研究［D］. 天津大学，天津，2016.

［11］孔琳. 适老化设计［D］. 中央美术学院，北京，2014.

［12］吴岩. 重庆城市社区适老公共空间环境研究［D］. 重庆大学，重庆，2015.

［13］卢银桃，王德. 同济大学建筑与城市规划学院. 美国步行性测度研究进展及其启示［J］. 国际城市规划. 2012，27（1）：10-15.

第 2 章　香港特别行政区养老政策

2.1　纵向研究

香港国际住房会议（2004）回顾了自 1960 年以来制定的为香港长者提供住房政策（见表 2-1），并讨论了三个密切相关的问题：住房与家庭护理、社区护理与机构护理之间的关系，以及长者住房融资。这份文件揭示，并非缺乏规划及为长者提供住房服务的进展，而是缺乏落实建议的决心，以及许多其他因素，如只针对所需的、完全依赖公共财政的问题。最后该文件提出了长者健康生活可持续住房的建议，即政府必须考虑到长者整体的住房需求，然后探讨如何能够满足。

可持续住房促进健康生活政策摘要，2004 年香港国际住房会议　表 2-1

1960	在 20 世纪 60 年代，长者的照顾被忽视	1965 年，长者应由家人照顾
1971	随着长者未来需求工作组的报告的发表，开始为长者提供社会服务，包括公屋	在 1973 年开始的"十年住房方案"内，必须分配一定比例的公屋，以满足长者的需要
1973	长者未来需求工作组的报告	为长者提供公屋需更长的时间来实施，采取了双管齐下的办法：鼓励为有需要的人提供家庭和适当的住房单位或机构护理服务
1977	政府制定一项执行计划	以长者服务发展方案的形式
1979	政府将发展计划与其他社会福利计划一起纳入	成为 1979 年出版的《社会福利白皮书》
1980 年代初	为长者发展社会服务的数量很大	
1980 年代中	"……在 1980 年代中期为所有人提供体面的独立住所"	据估计，将有 134000 名长者及其家庭需要在公屋区提供住宿
1993	长者住房政策审查	政府成立了一个工作组来研究为长者提供服务的整个政策
1994	香港房屋委员会亦成立了一个特设工作小组，关注长者的房屋需求（图 2-1）	为配合工作小组的工作，社署于 1994 年完成了报告，并重申社署与房屋署就长者的房屋及相关服务联合编写的报告所载的原则及建议
1994～1998	共有 4 万多个单位适合 1 人家庭居住。据估计，这些单位将花费 40 亿	1997 年行政长官要求新成立的安老事务委员会全面评估长者对房屋及其他住宅服务的长远需求
1998	长期房屋策略白皮书	政府承诺："合资格的长者在申请后两年内，通常会获分配租住公屋单位"。并承诺为"夹心层"长者提供特殊教育服务

续表

1999	房委会委托进行一项研究，为居住在公屋的长者提供房屋及照顾服务	① 未来的供应集中于1人和2人公寓 ② 应采用"通用设计" ③ 综合提供住房和社区护理服务
2000	安老事务委员会	① 家庭的重要作用 ② 单身老年人和夫妇的公屋 ③ 私人开发商为单位提供合适的出售或出租设施
2003	正如白皮书中所淡化的那样，重点已经从提供住房单元转移到帮助人们解决自己的住房需求	长者申请人可选择在公屋轮候，或在私人市场上租住相应的居所（2003年9月暂停）

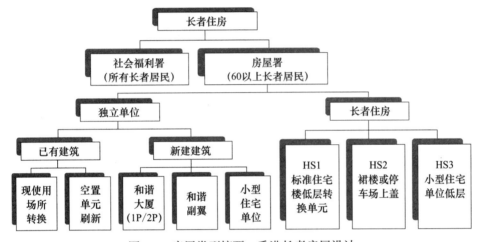

图2-1 房屋类型摘要，香港长者房屋设计

崔（2008年）等人回顾了中国城市——香港的老龄化机遇和挑战：

1. 规划社区融合和可持续性

长者应与年轻家庭成员住在附近；长者应该在熟悉的环境中；在他们原来住所附近进行可持续的社区规划，以促进"社区护理"。

2. 香港背景下的通用设计

（1）应将通用设计视为和促进长者服务的不可分离的品质；

（2）在国外和中国进行先进的研究和实施；

（3）在香港进行高质量的长者设计及研究，将会大大惠及香港市民。

3. 试点项目

4. 进一步的国际会议/研讨会

我们学到了什么，接下来我们需要做什么？香港房屋署建筑师、设计及标准署署长克里斯·加布里奥（Chris Gabriel）建议加强紧密的管理联系、与非政府组织的紧密联系、与居民及焦点小组的直接接触，以及关注以下方面：管理、空间标准、灵活性、成本效益、高密度设计，以及获得护理。

政府和私人地产商都热衷于城市更新项目。然而，这些项目主要是出于经济考虑，最大限度地提高土地租金，而不是满足居住在更新建筑中的人们的需要。他使用了一个相当关键的短语，称为"繁荣城市，衰败长者"。在中国现代社会中，对孝道及长者非正式支持的持久性存在挑战：香港屯门的一个案例研究分析表明，子女照顾父母的责任感（"孝道"）可能会减弱，通过对50名长者在公屋的深入访谈，分析了传统价值观变化如何影响社会网络的性质和所提供的支持。

香港特别行政区行政长官在1997年10月将"照顾长者"列为他的四项策略目标之一。1999年，一项"家庭对住房的期望调查"（执行摘要）表明，14%的老年家庭打算在未来10年内搬家，其中15%或约4000个老年家庭更愿意购买公寓，其他85%优先租房。最受欢迎的地点是深水埗、黄大仙及观塘。

《高密度发展环境可持续性的设计考虑：香港个案研究》（*Design considerations for environmental sustainability in high density development: a case study of Hong Kong*）指出土地利用规划、生活质量、保护和保存、综合设计、提供福利设施和保护现有财产是重要的根本因素。从2002年起，所有公屋设计都采用了通用设计。《老龄人口住屋》（*Housing for the aging population*）列出了通用设计的原则（表2-2）：

通用设计原则　　　　　　　　　　　　　　　　　　表2-2

原则	说明
1. 公平使用	该设计对不同能力的人是有用和适合的
2. 使用的灵活性	设计容纳了广泛的个人偏好和能力
3. 使用简单直观	无论使用者的经验、知识、语言技能或当前的认知水平如何，设计的使用都很容易理解
4. 可感知的信息	设计有效地向使用者传达必要的信息，而不管环境条件或使用者的感官能力如何
5. 容忍错误	该设计最大限度地减少了意外或意外行动的危害和不利后果
6. 体力不支	该设计可以高效、舒适地使用，并具有最低程度的疲劳
7. 尺寸和空间，以便进入和使用	为接近、接触、操作和使用提供了适当的尺寸和空间，而不管使用者的身体大小、姿势或移动性如何

2.2 横向研究

2.2.1 老龄友好社区

《环境与老化：香港长者的环境政策、规划及设计》（*Environment and Aging: Environmental Policy, Planning and Design for Elderly People in Hong Kong*）概述了香港的情况。它由四个部分组成：长者与环境、人口老龄化规划、老年居民住

房和住宿、长者无障碍和娱乐。"环境与长者——香港正在出现的一个社会和规划问题"中提到，第一个问题是香港的政策，与许多其他国家和地区的政策相似，即最好在社区，最好在自己的家中，尽可能长期地照顾长者。如果当地环境在物质上和社会上适合越来越多的老龄居民，这一概念与在地安老有关，即当地人口在自身环境中的自然老化，将变得更加容易和成功。社会环境的质量和范围以及商店、服务、安全、交通和住房的社会支持基础设施，几乎与仅仅提供实物一样重要。这应该是良好的综合规划的任务，以确保尽可能避免的问题，并确保未来的环境将允许人们在最小限度的个人必要调整下进入老化。

香港长者的住房和环境需要建议，虽然为长者提供的社区支持服务发挥了帮助长者留在社区的作用；但发现这些服务不足以满足需求。应该指出，长者住房需求的满足与他们的生活安排密切相关，这反过来决定了他们从其他人那里得到的支持。应扩大长者的住房需求，包括长者居住的环境。长者所处的环境被认为包括两个主要部分：有形住房单元、公共设施、社区提供的社会服务，以及由居住单元而维持的无形社会网络等。

《长者设施规划标准》（*Planning standards for facilities for the elderly*）概述了社区支持设施：

（1）长者社会中心

（2）长者日托中心

（3）长者多服务中心

和住宅服务：

（1）长者之家

（2）照料单元

（3）联合中心

这是对这些设施的住宿、设计和平面图进行全面审查的结果，以优化其设计和使用。原先为社区中心预留的一些场地现已建议联合发展社区中心、社会福利中心和（或）为长者提供的住宅单位。对长者有影响的具体修正包括鼓励在长者居住地点步行距离内的居民区附近提供更多的开放空间，以及纳入关于残疾人和长者特殊需要的准则。

在《国际老龄化观点》（*International Perspectives on Aging*）中，从香港老龄化的探索性因素分析中确定了六个因素。第一个因素，即"商业"，包括公共交通、菜市场、超市、购物中心、中餐厅和其他食品店、银行、邮局和私人诊所的无障碍设计。第二个因素，即"休闲设施"，包括图书馆、海滩/游泳池、室内运动中心、室外运动中心和公园的无障碍环境。第三个因素，即"医院"，涵盖了公立医院、事故和急诊科、日间医院和私立医院的无障碍环境。第四个因素，即"印象"，包括一般印象、噪声、空气污染、垃圾和非法活动。第五个因素，即

"可步行性",包括人行道上的障碍物和在附近走动的安全。第六个因素,即"社会设施",涵盖了社区中心和老年中心的可达性。"商业"系数为0.91,"休闲设施"系数为0.82,"医院"系数为0.73,"印象"系数为0.72,"可步行性"系数为0.47,"社会设施"系数为0.61。也就是说,最重要的因素是"商业",它涵盖了公共交通、菜市场、超市、购物中心、中餐厅和其他食品网点、银行、邮局和私人诊所等的无障碍环境。

《长者社会福利设施规划》(Planning of social welfare facilities for elderly people)列出了"1990年代及其后社会福利白皮书"(1991年3月)和"长者护理工作组报告"(1994年)通过的下列基本原则和概念:

(1)长者的尊严
(2)社区关爱和在地安老
(3)持续的护理和服务的整合

此外,安老事务委员会亦致力于推行策略政策目标。试点项目——蓝田——作为一个案例研究,是一个为单身长者发展小型单元的联合计划。它包括一个养老院、一个长者社会中心、一个职业支持和资源中心、一个家庭帮助服务基地和一个长者保健中心(与长者设施合用同一地点提供一站式服务)。这些服务包括多服务中心、社会中心、日托中心和家庭帮助服务等。

《长者的住房需求和政策》(Housing needs and policy for elderly people)里许多当地研究人员记录了这样一个事实,即香港长者非正式支持的主要来源往往来自他们的家庭。《长者公屋设计》(Public housing design for senior citizens)的作者卫博士是专业人士中的受访者之一,详情见第4章。

《长者住房设计——赛马会屯门老年盲人之家》(Design of housing for elderly people — the Jockey Club Tuen Mun Home for the aged blind)研究了一个老年盲人之家的案例,最常见的类型是由私人或补贴组织经营;老年单身人士住在一起,每月为他们提供膳食。房屋委员会亦提供一间或两间公寓,供长者自行处理家务。然而,最需要的住房形式是由护理人员提供个人护理和照顾。庭院也应允许互动的机会,这是内部组织的一个重要方面。还特别注意了建筑物的细节、声音特征、声学控制和安全圆角的使用贯穿始终。例如:提供两套扶手(而不是冰冷的不锈钢)向上旋转以指示门的入口;电话是用大按键制造的,电灯开关是明亮的颜色,地板上有内外的触觉表面——这样居民就可以"感觉"到他们所在的地方。

2.2.2 成功老化

《长者空间分布的变化及其规划影响》(The changing spatial distribution of elderly population and its planning implications)提出长者集中在特定地区,长者与环境的相互作用需要对老龄化和长者问题研究采取综合和整体的方法。自1981年以来,香港的城市发展发生了许多变化，特别是在 1970 年代建成的新城镇以及随之而来的人口分散之后。最集中的地区是深水埗、黄大仙、湾仔、九龙城、观塘、油尖旺。长者与年轻一代不同，例如，他们有更多的时间，一般来说，需要更多的照顾，有些长者甚至身体有残疾。他们需要一个物理和社会环境，从房间、建筑到邻里，都得满足他们的需要。

1. 长者在日常环境中的需求包括：

（1）就业

（2）保健

（3）行动和无障碍

（4）社会支持网络

（5）方位（在当地尺度上，采用标准颜色和外观的住房设计，给有记忆问题的长者带来特殊的问题。因此，在长者生活环境的设计中，应注重提供帮助长者适应外部环境的手段）

2. 长者在生活环境中的风险和危害包括：

（1）跌倒

（2）城市更新和迁移

长者在住房、社会支持、保健和财政支持，最重要的是家庭护理方面的需求多种多样。为了使香港的长者能够有尊严和独立地生活，需要创造一个综合的环境。

在《设施管理、护理和护理院长者的风险和健康之间的关系》（*Relationships between facility management, risks and health of elderly in care and attention homes*）中，共有 81 份问卷由护理院老年居民填写（表 2-3），用 FM（设施管理）成分评估他们的感知舒适度、他们的疾病状况和各种特定风险的发生频率。然后通过皮尔逊相关和偏相关分析建立这些变量之间的关系。总共确定了 13 个项目，其中只有 4 个（空间规划、噪声、标识和餐饮）与所确定的风险有显著关系。其中一些关系受到特定疾病的影响。护理院中常见的风险包括跌倒（R1）、碰撞（R2）、烫伤（R3）、感染（R4）、迷路（R5）、行为障碍（R6）、火灾（R7）和安全（R8）。

3. 《国际老龄化观点》（*International Perspectives on Aging*）提供了使用者的一些领域评论：

答复者提供的发言实例 表 2-3

（1）室外空间和建筑物
① 座位不够
② 没有足够的时间过马路
③ 该地区只有一家银行
④ 很难爬楼梯
⑤ 公共厕所脏 / 厕所不够

续表

（2）交通 ① 道路被非法停车堵塞 ② 昂贵的交通 ③ 人们不给长者让座 ④ 给体弱者提供交通不足 ⑤ 不友好的出租车司机
（3）住房 ① 太贵了 ② 公寓需要维修 ③ 生活空间不够 ④ 家庭维修供应商不多
（4）社会参与 ① 只有社会中心的会员才能参加这些活动 ② 活动昂贵和吸引力不够 ③ 各种活动不够广泛 ④ 社会活动场所不够
（5）尊重和社会包容 ① 跨代活动不够 ② 社会保障不足 ③ 媒体将长者描绘成负担
（6）公民参与和就业 ① 难以就业 ② 工作场所的年龄歧视 ③ 政府只支持青年自就业 ④ 退休前相关课程不够
（7）沟通和信息 ① 长者大多受教育程度低，因此难以理解书面信息 ② 邻居的支持不足 ③ 字体太小，长者无法阅读 ④ 难以使用自动电话接听系统
（8）社区支持和卫生服务 ① 缺乏牙科服务 ② 公共医疗服务等待时间长，但私人服务太昂贵 ③ 人们不知道如何获得社区支持服务 ④ 应急计划中没有考虑长者 ⑤ 昂贵和有限的埋葬地点

调查结果证实，人们倾向于将设施聚集在一起，并在离家步行 15 分钟以内，在地面上有绿色环境和有顶棚的人行道。

2.2.3 日常活动

《长者的住房和环境问题》（*Housing and Environmental Issues for Elderly People*）列出了日常活动中的障碍（表 2-4）：

日常活动中的障碍　　　　　　　　　　　　　　　　表 2-4

日常活动	人数	百分比
繁重的家务	551	37.2
楼梯	248	16.8
乘坐公共交通工具	112	7.6
上下（床/椅子）	95	6.4
拜访朋友	91	6.1
买食物	85	5.7
外出	83	5.6

《香港长者住房——私营机构的选择》(Housing for the Elderly Residents in Hong Kong — Options for the Private Sector) 列出了香港的现有经验：香港房屋协会制定的模式、香港公屋的空间标准——高密度下"扭曲"的设计妥协和室外的环境，并对中国香港和新加坡的无障碍问题进行了比较。香港存在的问题是：社区照顾和与家庭生活。

"一种住房单元，使长者能够单独生活或与同一家庭的其他人一起生活，有足够的空间维持独立生活，而不必打扰他人的生活。"

探索的选择包括独立生活、寄宿照料或辅助生活和体弱长者的护理。该书还以沙田第一城为例进行了案例研究。香港的老龄化设计目标包括适居性、整合性和适应性。

《长者无障碍环境》(Accessibility for elderly people) 开展了一项使用后评估活动，审查了地下通道、高架人行道、人行桥和地铁系统、入口、标识、残疾人洗手间和厕所等抽样区域。临时城市长者委员会对为城市地区长者提供娱乐的设施和方案进行特别讨论，提出要特别注意设计细节，以使这些娱乐设施更方便长者使用，如更大的标识、防滑地板、明显标记的台阶、扶手和长者聚集的公园中更舒适的设施。游乐设施与项目包括打太极拳、中国象棋、草坪、遛鸟、公园家具和配件、迷你溜冰场、休息区，游泳、武术、健身、射箭，以及家庭休闲中心、晨间小径等。

《香港长者居民设施服务标准》(Service standards in residential services for elderly people in Hong Kong) 规定，有不同形式的"照料及维修"计划，可由地方当局或自愿机构提供，以协助将改善补助金花在必要的适应工程上，让长者在自己的家中住得更久。过去，地方当局承担了提供寄宿照料之家的作用，但现在私营机构开始填补这一空白，因为国家和地方各级政府都决定充当服务的购买者，而不是服务的提供者。应进行更多的研究，以根据使用者的期望、社区需求和可用资源制定空间和设计标准以及各种服务标准。

2.3 设计考虑

根据香港房屋协会（2005）的说法，"通用设计是一种新兴的理念，旨在为更方便使用者的生活环境制定一个理论框架和实用手段"。通用设计通常适用于老年公寓，并有以下设计考虑："通用设计提供了无障碍环境，使尽可能多的各种不同、年龄、能力或残疾的人都能使用。人们认识到，通用设计不是为拥有者规划，而是为最广泛的使用者规划"（香港建筑服务部，2012 年）。

香港房屋协会及建筑署已于 2005 年及 2012 年出版了《香港住宅发展通用设计指引及通用无障碍设计指引——最佳做法及指引》（*Universal Design Guidebook for Residential Development in Hong Kong and Universal Accessibility — Best Practices and Guidelines*）的长者住宅及无障碍设计指引。老年住房设计有五个方面：规划和空间设计、无障碍通道、无障碍环境、家庭安全、环境因素。

两本指南中提到的建筑层面的通用设计可以根据长者的生理变化应用于入口、电梯、走廊和地板表面等（表 2-5）。在指南中，给出了轮椅长者活动的坡道、入口、门、大堂净空和电梯的最小尺寸、坡度、信息计数器和邮箱的位置和高度。此外，还提供了选择地板表面材料的标准，并提供了设计大堂、走廊和电梯的指导方针。

从外部区域、开放空间和绿色空间的通用无障碍设计考虑　　　　表 2-5

方面	项目	细节
进入路线	扶手 台阶和楼梯 门	
连接和接口元素	走廊、大厅和小径	
景观空间		
家具，设备和配件	厕所和隔间 浴室和淋浴室	
道路寻找，方向和标识	标识 公共信息或服务柜台 升降机，指示和通知 自动扶梯和客梯	特殊的强制性设计要求，以协助有视觉/听觉障碍的人使用各种建筑物
可探测的表面		
颜色和发光对比		
照明	光照	
安全	无障碍厕所的紧急呼叫铃 辅助听力系统	
管理和维护		

参考文献

[1] Chui, E., "Housing problems of elderly affected by urban redevelopment in Hong Kong", Hong Kong University, 2000.

[2] Landorf C, Brewer G, Sheppard L A. The urban environment and sustainable ageing: critical issues and assessment indicators [J]. Local Environment, 2008, 13(6): 497-514.

[3] Phillips D R, Yeh G. Environment and ageing : environmental policy, planning and design for elderly people in Hong Kong [J]. Centre of Urban Planning and Environmental Management University, 1999.

[4] Demirkan H. Housing for the aging population [J]. European Review of Aging and Physical Activity, 2007, 4(1): 33-38.

[5] Woo J. Chen Sheying. Aging in Hong Kong: a comparative perspective [M]. Springer, 2013.

[6] Chan, Cheong-shing, Bryan. Housing for the elderly [J], 1996.

[7] Leung M Y, Yu J, Yu S. Investigating key components of the facilities management of residential care and attention homes [J]. Facilities, 2012, 30(13-14): 611-629.

[8] Kwok J, Tsang K. Getting Old with a Good Life: Research on the Everyday Life Patterns of Active Older People [J]. Ageing International, 2012, 37(3): 300-317.

[9] Leung M Y, Chan I, Olomolaiye P. Relationships between facility management, risks and health of elderly in care and attention homes [J]. Facilities, 2013, 31(13-14): 659-680.

[10] Qingli L I, Bin L I. The Living Behavior Mode in Elderly Facilities [J]. Time Architecture, 2012.

第3章 基于环境行为学理论的适老性研究概论

不同的客观环境条件与不同的体能运动（PA）有关，比如交通、娱乐、家庭以及职业。邻里的环境对老年人尤其重要，老年人因为体能限制的变化，害怕到户外活动。一些客观障碍，比如距离远、坡度大以及障碍物，都是老年人展开体能运动的阻碍。步行是户外体能运动的一个重要方式，一个社区是否适合步行极大地影响了老年人的身体健康。为了研究环境中是哪些因素鼓励老年人的步行行为，我们必须了解建成环境是如何在这样一个亚洲高密度人口背景下影响步行行为的。设计干预必须考虑资源及娱乐设施、社会支持、交通的距离、邻里安全，以及使用者友好型的步行环境，以促进步行性及社会参与。研究反复表明，"三个D"框架中的变量：密度（Density）、土地使用多样性（Land-use Diversity）以及面向行人的设计（Pedestrian-oriented Design）的重要性。还有，邻里公共空间对保持和促进老年人的生活质量（Quality of Life）发挥着重要作用。研究表明公共空间的愉悦性及安全性与参与者的生活满意度有关，且与导向其公共空间的道路的质量与步行行为密切相关。安全的步行环境且连接体能运动设施的社区，居民步行行为下降的概率更低。步行还与公共交通及商业建筑的可达性密切相关。环境因素对其他类型的体能运动，例如中度体能运动（园艺、打扫、踩单车、游泳等）及重度体能运动（举重物、有氧运动、慢跑、快速踩单车等）也至关重要。一些设计导则（例如开放空间和绿色空间的可达性）也指导了社区设计。体能运动还与到公园的步行距离、到活动区域的公共交通、运动设施感知的安全性以及基础设施、到目的地的可达性、社会环境与美观性正相关。另外，到娱乐设施的可达性，设置人行道，没有陡坡，看到人们运动和美观愉悦的环境，均与除步行之外的高水平休闲体能运动正相关。

3.1 E-B关系的社会——生态模型

基于Lewin的生态方程，Lawton提出了一个相互作用项来解释人与环境相互作用的影响，即 $B = f(P, E, P \times E)$。其中B是行为，P是人，E是环境。这个互动术语表明，由于与人相关的能力和需求在不同的环境中表现不同，它们可能导致不同的结果。劳顿（Lawton）等人（1973）的生态学老化理论（ETA）提供了一个广泛的总体框架，包括不同类型和水平的个人能力（如感觉丧失、身体行动能力丧失和认知能力下降）和客观环境的特征（住房标准、邻里条件和公共交通）。

为了研究社会生态和 E-B 关系，有许多不同的模型（图 3-1）。在下面的文本中讨论了三个最重要的方面：环境、人和行为。

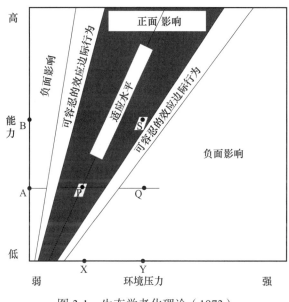

图 3-1　生态学老化理论（1973）

3.1.1　环境友好型社区

《世界各地适合老龄化的城市和社区概览》（*An Overview of Age-Friendly Cities and Communities around the World*）列出了使城市和社区适合老龄化的因素：先决条件包括人口、气候和天气、地形特征、社会和公民组织、卫生和社会服务；核心特征包括住房、流动性、室外空间和建筑、长者的参与；次要特征包括适合长者的机构。

《地方环境在城市长者生活中的重要性》（*The importance of the local environment in the lives of urban elderly people*）建议，对许多年龄组，特别是对长者来说，地方环境特别重要。其性质和设施可以促进或阻碍许多活动。在微观尺度（内部环境），居家设计、访问、维护和建筑方面受到了相当大的关注；中观尺度，即外部环境，包括当地邻里关系。由于上述三个因素越来越重要。它通过其实际规划、设施范围、成本和情况，包括开放空间、娱乐机会、商店、福利和医疗服务，为当地提供机会和限制。设计考虑可以影响车行和人行的隔离，交通方式的整合，减少涉及长者的道路交通事故。

最后，宏观环境。它既包括实际规划框架，也包括部分体现长者资源和财政状况的政治经济。它可以通过成功老化的概念来说明，有一系列辅助独立生活（AIL）的"中间地带"选项。

大卫·霍格伦（David Hoglund）的著作《长者之家：老龄化环境中的隐私和独立》(*House for the Elderly: Privacy and Independence in Environments for the Aging*)通过分析瑞典、丹麦和英国等欧洲不同类型的护理住房，解决了设计专业人员在将社会和行为目标转化为设计词汇方面的困难，特别是隐私和独立方面。

《美国的关爱老龄化社区和社会包容》(*Ageing-friendly communities and social inclusionin the United States of America*)确定了关爱老龄社区的实际组成部分，包括促进步行能力的社区设计、适当的交通形式和广泛的住房选择。在社区设计中，可以改善高龄行人的安全并允许个人步行到各种地点的设计要素，包括适当的路灯、连续的人行道、凸起的人行横道和其他降低车辆交通速度等改进措施。研究表明，混合使用的和可步行的社区有助于个人保持或增加他们的活动空间。此外，有证据表明，生活在以行人为导向地区的成年人拥有更高水平的社会资本，衡量标准是他们的社会参与、政治参与和对其他人的信任，以及他们对邻居的了解程度；在交通和流动性方面，公共交通受到特别关注；而在住房方面，这一举措的主要目标之一是确保新的和现有的住房都是无障碍的、负担得起的、接近商品和服务的（亚特兰大区域委员会，2009年）。

3.1.2 人——成功的衰老

1. 成功的老化是多维的，它指的是长者的身体、精神和社会福祉：
（1）规避疾病和残疾
（2）身体和认知功能的维持
（3）持续参与社会和生产活动

2. 世贸组织列出了独立、参与、照顾、自我实现和尊严的五项原则，并倡导积极老化，鼓励长者参与社会，重新创造价值（图3-2）：

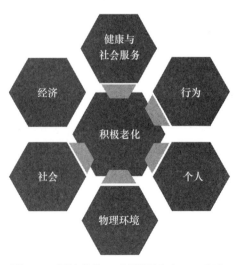

图 3-2　积极老化：政策框架（2002年）

3. 提出了两个主要的方法来概念化衡量生活质量（图 3-3），即：

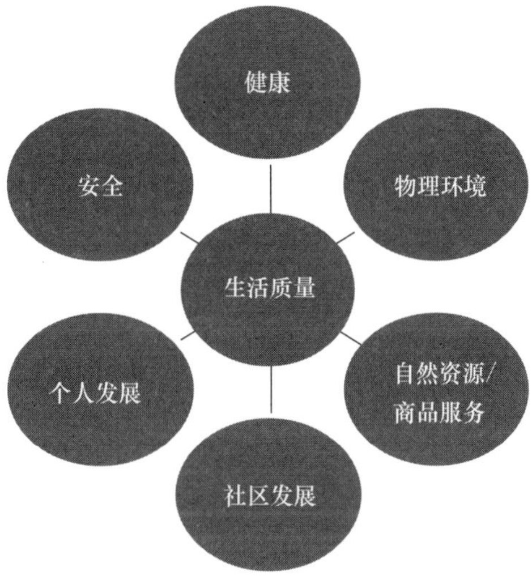

图 3-3　生活质量的组成部分

（1）生活条件

① 独自或与他人相处，有足够的空间维持独立地生活

② 方便乘坐公共交通工具

③ 社会服务提供情况（社会中心，卫生诊所，居家支持服务）

④ 娱乐场所和有设施的空地

（2）生活经历

① 生活安排的选择——与家庭的和谐关系

② 与邻居互动和建立关系的机会（互助和关心）

③ 关注长者需求并将其作为正式成员的社区

④ 培养尊重长者的社区精神

4.《城市环境质量和人类福祉，走向概念框架和概念划分：文献研究》(*Urban environmental quality and human well-being，towards a conceptual framework and demarcation of concepts：a literature study*) 列出了生活质量的因素以及与健康和日常生活环境的关系：

《成功老化：客观和主观测量的需要》(*Successful Aging：the Need for Objective and Subjective Measurement*) 旨在调查客观和主观方法的相对效用，还讨论了这两种标准在测量成功老化中的重要性。

综上所述，成功老化是多维的，包括长者的身心和社会福祉，它既需要身体环境，也需要社会环境，还取决于个人健康和特征（图 3-4）。本书主要研究物理环境与长者体能运动的关系，作为衡量长者成功老化的指标。

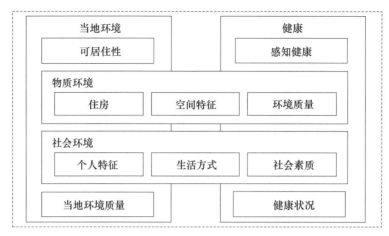

图 3-4 健康和日常生活环境的关系

3.1.3 日常生活中的行为——活动

人们日常生活中有四种"空间",即"个人空间"、"邻里空间"、"活动空间"和"行动空间"。虽然许多研究试图了解环境与体能运动的关系,但很少关注长者的体能运动行为。

《老年公寓和独居老年人的生活方式与行为模式比较——以高雄地区为例》(*A Comparison of Lifestyle and Behavior Pattern for the Elderly at Senior Apartment and the Elderly Living Alone at Home — By the Cases in Kaohsiung Area*),通过对定性研究的观察与访谈,从行为与时间、行为与空间、一般生活模式等方面对中国台湾地区的行为模式进行了研究,并对老年公寓和独居老年人进行了比较,以建立未来的"居家模式"。

《邻里结构和感知因素——它们对长者活动水平的相对重要性》(*Neighborhood Structural & Perceptual Factors — their Relative Importance to Activity Level in Older Adults*)审查了邻里特征和居民对邻里步行能力、安全性和社会凝聚力的看法是否与自我报告的出行、总体能运动和一般的社区活动(包括久坐)有关,结果表明,增加体能运动和其他形式的活动参与对于维持整个生命周期的健康和独立至关重要。

《长者活动中的邻里和个人因素:邻里和长者健康研究的结果》(*Neighborhood and Individual Factors in Activity in Older Adults: Results from the Neighborhoods and Senior Health Study*)研究了居住在丹佛 8 个社区的 190 名长者(平均年龄 74 岁)的样本,此样本表明建筑环境的特征和居民对邻里步行能力、安全性和社会凝聚力的看法与自我报告的体能运动和基于社区的活动有关。

《美好的老年生活:积极长者日常生活模式研究》(*Getting Old with a Good Life: Research on the Everyday Life Patterns of Active Older People*)假定生活环境更

负担得起、更支持和更"老龄友好";未来的长者将更积极地生活。2004年,香港房屋协会出版了《香港长者住房需求综合研究》。该报告研究了长者的住房情况,并提出了应向长者提供的住房数量。特别讨论了建造私人公寓的可能性,与照顾中产阶级长者客户。可惜的是,该报告将对居住环境的讨论限制在住房问题上,而忽略了审查城市整体应如何为老龄化社会的到来做好准备。在加布里埃尔(Gabriel,2004年)等人进行的关于生活质量的大规模研究中,建立了一套分析主题:与家人、朋友和邻居的社会关系;家庭和邻里;心理健康和前景;社会活动和爱好(社区和个人);经济状况;独立。此外,我们发现拉斐尔的模型还有一个额外的优势:它允许人们从生命的可能性来理解生命。根据拉斐尔(Raphael,1997年)等人的说法,生活质量被定义为一个人享有其生活的可能性重要程度。这个模型指出,生活质量可以分为三个方面:"存在"、"归属"、"成为"(表3-1)。

世界卫生组织倡导的"积极老化"概念结合了拉斐尔的生活质量模型　表3-1

世卫组织提倡的积极老化概念	生活质量模型
"积极"一词是指继续参与社会、经济、文化、精神和公民事务	存在
那些生病或残疾的人可以继续为他们的家庭、同龄人、社区和国家做出积极的贡献。衰老是在有他人、朋友、邻居、家庭成员和工作伙伴的背景下发生的	归属
让人们在整个生命过程中实现他们的身体、社会、精神和福祉的潜力	成为
世界卫生组织认为,如果政府、国际组织和民间社会制定"积极老化"政策和方案,以提高长者的健康、参与和安全,各国就能负担得起人口老龄化。现在是计划和行动的时候了。这些政策和计划需要接受一个生活课程的观点,承认早期生活经历的重要性,就像人的年龄一样	存在和成为

综上所述,我们试图将提出的关于生活质量的评论、偏好和愿望整理到图3-5,以便就"积极老化"的范围提供一个简明和全面的观点:

本章旨在提供当前关于长者生活环境的研究的全貌,并为后续章节奠定基础。从文献综述中,我们获得了这一领域关键概念的基本知识。社区是否可以步行对长者至关重要。什么是可步行的地方?城市设计中存在着许多关于步行性的争论。一些讨论侧重于环境特征或制造可步行环境的手段,包括可穿越、紧凑、物理诱惑和安全的区域。另一些则涉及这种环境可能促进的结果,例如使地方热闹起来、加强可持续的交通选择和诱导锻炼。最后,一些人使用"可步行性"一词更好地设计,无论是由多个可测量的维度组成,还是为城市问题提供一个整体解决方案。根据定义范围,安·福赛斯(Ann Forsyth,2008)定义的一个可步行的地方突出了潜在的冲突是可步行的形式。主要包括社区环境和步行的感知结果。就前者而言,有几个维度需要探索:封闭、无障碍、充满行人基础设施和目的地、

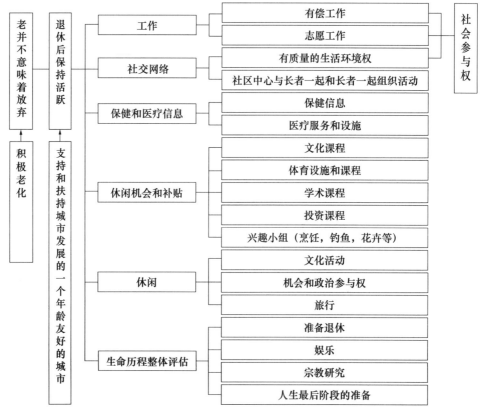

图 3-5 一种简洁而全面的"积极老化"观点

高档、多功能或国际化。另一方面，感知到的步行结果需要其他支持和社交、可持续的交通工具和鼓励体能运动。最后，可步行性在一定程度上是更好设计的代表。它是多层面的手段，是可衡量的，代表了一个整体的解决方案，以改善城市地区——节奏更慢、更人性化、更健康、更快乐。关于其他体能运动（PA），包括中强度体能运动（MVPA），即中度体能运动（例如园艺、清洁、骑自行车、游泳）和重度体能运动（例如举重、有氧运动、慢跑/跑步、快速踩单车），环境属性也是至关重要的，以用于指导社区的设计。

参考文献

［1］Sallis J F, Cervero R B, Ascher W, Henderson, K A, Kraft, M K, Kerr, J. An ecological approach to creating active living communities [J]. Annu Rev Public Health, 2006, 27: 297-322.

［2］Cauwenberg J V, Bourdeaudhuij I D, Meester F D, Dyck, D V, et al. Relationship between the physical environment and physical activity in older adults: a systematic review [J]. Health & Place, 2011, 17(2): 458-469.

[3] Tan Z, Xue C Q L. Walking as a Planned Activity: Elevated Pedestrian Network and Urban Design Regulation in Hong Kong [J]. Journal of Urban Design, 2014, 19(5): 722-744.

[4] Mélanie, Levasseur, Mélissa, et al. Importance of proximity to resources, social support, transportation and neighborhood security for mobility and social participation in older adults: results from a scoping study [J]. Bmc Public Health, 2015(1): 503.

[5] Owen N, Humpel N, Leslie E, Bauman A, Sallis JF. Understanding environmental influences on walking; Review and research agenda [J]. Am J Prev Med, 2004, 27: 67–76.

[6] Sugiyama T, Thompson C, Alves, S. Associations Between Neighborhood Open Space Attributes and Quality of Life for Older People in Britain [J]. Environment and Behavior, 2009, 41(1): 3-21.

[7] Li F, Fisher K J, Brownson R C. A multilevel analysis of change in neighborhood walking activity in older adults [J]. Journal of Aging & Physical Activity, 2005, 13(2): 145-159.

[8] F Su, Schmcker J D, Bell M G H. Mode Choice of Older People Before and After Shopping: A Study with London Data [J]. The Journal of Transport and Land Use, 2009, 2(1): 29-46.

[9] Lai M M, Lein S Y, Lau S H, Lai, M. L. Determinants of age-friendly communities [J]. Gerontechnology, 2014, 13(2): 228.

[10] Borst H C, Vries S, Graham J, et al. Influence of environmental street characteristics on walking route choice of elderly people [J]. Journal of Environmental Psychology, 2009, 29(4): 477-484.

[11] Fitzgerald K G, Caro F G. An Overview of Age-Friendly Cities and Communities Around the World [J]. Journal of Aging & Social Policy, 2014, 26(1-2): 1-18.

[12] Woo J. Chen Sheying. Aging in Hong Kong: a comparative perspective [M]. Springer, 2013.

[13] Hoglund J D. Housing for the elderly: privacy and independence in environments for the aging [M]. Van Nostrand Reinhold, 1985.

[14] Scharlach A E, Lehning A J. Ageing-friendly communities and social inclusion in the United States of America [J]. Ageing & Society, 2013, 33(01): 110-136.

[15] Rowe J W, Kahn R L. Successful aging [J]. Aging, 1997, 10(2): 142.

[16] Kamp I V, Leidelmeijer K, Marsman G, et al. Urban environmental quality and human well-being [J]. Landscape & Urban Planning, 2003, 65(1): 5-18.

[17] Farina F. Successful Aging: the Need for Objective and Subjective Measurement [J], 2009.

[18] Yu T. S, A Comparison of Lifestyle and Behavior Pattern for the Elderly at Senior Apartment and the Elderly Living Alone at Home — By the Cases in Kaohsiung Area [J], 2006.

[19] King, D. K. Mind over Matter? Neighborhood Structural and Perceptual Factors — their Relative Importance to Activity Level in Older Adults [J], 2007.

[20] AC King, Blair S N, Bild D E, et al. Determinants of physical activity and interventions in adults [J]. Med Sci Sports Exerc, 1992, 24(6 Suppl): 221-36.

[21] Kwok Jn, Tsang K. Getting Old with a Good Life: Research on the Everyday Life Patterns of Active Older People [J]. Ageing International, 2012, 37(3): 300-317.

[22] Gabriel Z, Dykes J, Bowling A, et al. Let's ask them: a national survey of definitions of quality of life and its enhancement among people aged 65 and over [J]. Int J Aging Hum Dev, 2003, 56(4): 269-306.

[23] Bowling A, Banister D, Sutton S, et al. A multidimensional model of the quality of life in older age [J]. Aging & Mental Health, 2002, 6(4): 355-371.

[24] Xue C Q L, Ma L, Hui K C. Indoor 'Public' Space: A study of atria in mass transit railway (MTR) complexes of Hong Kong [J]. URBAN DESIGN International, 2012, 17(2): 87-105.

[25] Forsyth A, Southworth M. Cities Afoot—Pedestrians, Walkability and Urban Design [J]. Journal of Urban Design, 2008, 13(1): 1-3.

[26] Mulliner E, Maliene V. An introductory review to the Special Issue: Attractive Places to Live [J]. Urban Design International, 2011, 16(3): 147-152.

[27] Crane R, Scweitzer L A. Transport and Sustainability: The Role of the Built Environment [J]. Built Environment, 2003, 29(3): 238-252.

[28] Wells N M, Yang Y. Neighborhood Design and Walking. A Quasi-Experimental Longitudinal Study [J]. American Journal of Preventive Medicine, 2008, 34(4): 313-319.

第4章 第一轮——试点调研

本轮是一项试点调研，使用了2013~2015年开展的项目数据。首先进行试点调查的原因是，在进一步量化环境和活动之前，最好定性这一问题。老年人和专业人士的主要关注是什么？面对老龄化问题，他们最关心的是什么？"局内人"（使用者）和"局外人"（专业人士）之间的区别是什么？这些问题很迫切和重要，因此进行这次试点调研。主要涉及规划、社区环境、物业、卫生服务、交通等方面的内容展开。

4.1 第一轮——试点调研

本轮调研在永福中心、白田邨和南山邨三个社区进行，这是石硖尾大火后的第一代公屋和私人住宅之一。这三个案例的选择是一个新项目和两个老项目。白田邨和南山邨是石硖尾的公屋，建于1970年代（1975年和1977年），是第一代公屋的代表；永福中心是粉岭的一个公屋小区，它于1994年兴建，总共6座，是香港第二代公屋。并且采访了香港房屋委员会、香港房屋协会及设计机构的专业人士，他们是香港房屋及环境设计的支柱。这一轮会议主要是确定长者和专业人士最关心的问题。对话被记录并导入扎根理论软件 NVivo[①]，以进行进一步编码。最后，给出了不同组中这些单词的关键字和频率。

4.1.1 专业人士访谈

朱女士是长者资源中心主任，非常熟悉老年人的政策和居家改造；戴先生是香港房屋协会最新长者项目丹拿山的负责人，是香港公屋的主要提供者；卫博士为香港房屋委员会环境部副主任，在长者房屋项目方面拥有多年的经验；林教授不仅是香港中文大学的兼职教授，也是建筑公司 AD + RG 的董事长，亦为香港建筑学会前会长，经验跨越学术和设计领域，并从1998年一直关注长者住房；叶先生是香港城市大学城市规划方向讲师，拥有超过20年的经验；欧女士、王先生和唐先生是香港房屋委员会房屋署经验丰富的建筑师和顾问；陈博士是社会福利署的长者护理专家（表4-1）。

---

① NVivo 是一款功能强大的质性分析（Qualitative Analysis）软件，能够有效分析多种不同类型数据，诸如文字、图片、录音、录像等数据，是实现质性研究的最佳工具。

专业人士访谈　　　　　　　　　表4-1

机构	位置	职位	人物	日期
长者资源中心	油麻地	向导	朱女士	2014年10月30日
香港房屋协会	北角	坦纳山项目经理	戴先生	2014年12月05日
香港房屋委员会	何文田	环境部高级管理	卫博士	2014年12月11日
AD + RG / 中文大学	铜锣湾	董事长 / 客座教授	林教授	2015年01月27日
香港城市大学	九龙塘	讲师	叶先生	2017年01月16日
香港房屋委员会房屋署	乐富	建筑师顾问	欧女士 王先生 唐先生	2017年01月17日
香港社会福利署	湾仔	照顾者	陈博士	2017年02月23日

4.1.2　使用者访谈

这一阶段只有20名被访者，他们是匿名的长者居民，随机在现场选择，并不能代表整体人口。第一轮研究只是为了确定本书的关键概念，是第二轮量化研究的初步研究，或验证研究。笔者希望调查专业人士（研究人员、设计师、经理、提供者、护理者等）和使用者，并结合他们的观点。访谈是不受限制的访谈，至少一个小时，对话被记录并输入NVivo进一步分析（表4-2）。

使用者访谈　　　　　　　　　表4-2

社区	位置	访谈数量	女/男	日期
南山邨（随机现场调查1）	九龙塘	8	6/2	2013年09月24日
南山邨（随机现场调查2）	九龙塘	3	2/1	2014年03月12日
荣福中心	粉岭	4	4/0	2014年12月06日
白田邨	石硖尾	5	1/4	2014年12月08日
总计		20	13/7	

4.2　社区背景及场地调研

4.2.1　南山邨

南山邨（图4-1~图4-3）是香港石硖尾的一个公共屋苑，位于大恒东地产、耀雅及香港城市大学附近。该邨屋位于石硖尾，前身为"九龙寨"。它包括8座楼，建于1977年，户型为带私人厨房和卫生间设施的工作室式公寓（表4-3）。

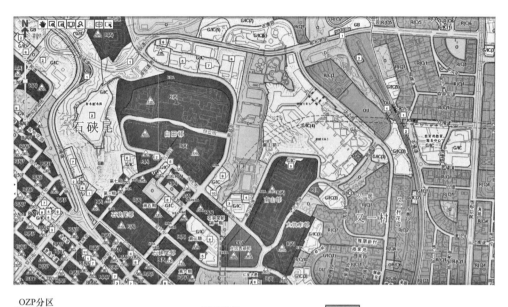

OZP分区					
▨	根据"TPO"第5/S.7条作出的修订	GB	绿化带	OU	其他指定用途
CDA	综合开发区	R(A)	住宅（A组）	R(B)	住宅（B组）
O	开放空间	R(C)	住宅（C组）	△140	最大建筑物高度（以主要基准面以上的米为单位）
R(E)	住宅（E组）	G/IC	政府，机构或社区	5	最大建筑物高度（以层数计）

图4-1 南山邨法定图则
（来源：香港法定图则的汇总及查询系统）

图4-2 南山邨照片（笔者摄于2014年12月）

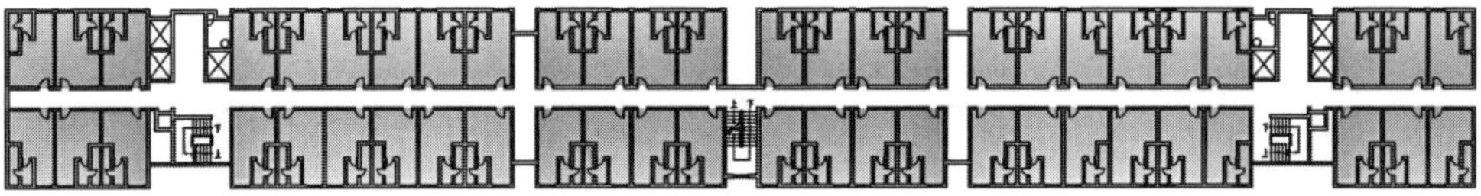

图 4-3 南山邨典型平面图（笔者自绘）

南山邨组成　　　　　　　　表 4-3

名称	类型	竣工时间
南尧楼	新长型①	1977 年
南丰楼		
南乐楼		
南明楼		
南安楼		
南泰楼		
南伟楼		
南逸楼		1979 年

1. 设施和商店

有南山邨停车场、南山邨街市、南山区街坊福利会及诊所、救世军大坑东长者综合服务——南泰长者中心、南山辅助宿舍等。南山邨有"城市大学食堂"的绰号，因为靠近城市大学校园，步行不到 10 分钟，许多学生在那里用餐。

2. 香港城市大学学术用途

2012 年，香港城市大学动工兴建，为纾缓人口过剩问题，租用南山邨约一半的停车场，重建为学术教室，并在最低的四层继续经营停车场。在将停车场租给香港城市大学之前，香港房屋委员会咨询并获深水埗区议会及南山邨委员会批准。城市规划委员会亦授权更改停车场；学术用途及相关设施面积约 3900 平方米。总共预留了 260 个停车位，政府声称这足以满足日常需要。

3. 使用者反馈

（1）R1：日常生活中最常见的活动包括看电视和四处走动；老年人花费时间最多的地方包括公园、购物中心、市场和卧室。

"我通常花时间在公园里，或四处走动。"

"我通常没有时间。现在，我正在等待从学校接我的孙子。"

---

① 新长型大厦（New slab block）是香港公共屋邨的一款标准大厦设计，其设计改良自旧长型大厦，于 1986~1991 年间落成的公共屋邨中最为常见，而且在屋邨设计中经常与 Y 形大厦（尤其是 Y3 及 Y4 形）一并兴建。

"看电视、盯着顶棚,如果觉得无聊,我会去公园和周围走走。"

"这里什么都有,公园、购物中心、活动中心等。"

"我通常看电视、做运动、做饭、坐在公园里和别人聊天。"

"我通常坐在公园里聊天。"

"除了睡在卧室里,我没有其他活动。"

(2) R2:家务劳动通常由长辈自己进行。

"我自己做家务,请不起保姆。"

"我自己做家务。"

(3) R3:设施维护取决于使用者和政府。

"只要人素质高,维护就容易多了。"

"我认为设施已经足够了,但是公园有几个自行车设施坏了。"

(4) R4:老年人通常只有身体不好才考虑替代住房选择。

"我认为,应该给长辈更多的选择,看看如何改善他们的生活。我们向政府交税;政府应该给予更多的支持,组织更多的活动。这样,就会是一个良好的环境。"

"我现在可以动,从来没有考虑过养老院,如果我不能动,我可能得去了。"

(5) R5:老年人的经济压力相对较高。

"只是一间房而已,200~300平方英尺①(像工作室一样),每英尺2000~3000港元,但因为它是公屋,没得抱怨。"

"政府给我什么样的房子我就住什么样的,别无选择。"

"我有东西吃、有床睡,这就足够了,我没有其他的期望。"

(6) R6:住房偏好包括良好的方向、良好的环境和服务设施。

"这里有一个养老院,你可以在那里吃饭什么的。"

"我目前住在二楼,我希望住在五楼或六楼,因为更安静。"

(7) R7:家庭关系,尤其是与后代的关系,对长辈来说很重要。

"我的孩子没有和我一起生活。"

"我的孩子去了深圳,我一个人住。"

(8) R8:关于建筑方面,作为一个常见的问题,房间面积太小。

"我很满意采光,大小就是这样(不满意)。"

"打开门就是床,只有一个房间。"

(9) R9:交通是老年人的问题,因为他们的身体状况。

"我不能和别人一起去旅行,因为我总是感到头晕,不能坐公共汽车。"

---

① 1英尺=0.3048米,文中"尺"多代表平方英尺,为香港常用面积单位,相当于内地的平方米,换算约为1平方英尺=0.0929平方米。

（10）R10：户外区域，提供必要的设施，对老年人的日常活动起着至关重要的作用。

"我喜欢在自行车设施上做运动。在公园里散步和骑自行车设施，我会感到非常高兴。有很多地方可以去，校园、购物中心、公园等。我们做事情比别人慢，这里厕所很少，我总找不到厕所，很不方便。"

4.2.2 荣福中心

荣福中心（图 4-4～图 4-7）是粉岭的私人机构参建居屋计划（PSPS）[①]，共有六座楼宇竣工于 1994 年（表 4-4）：

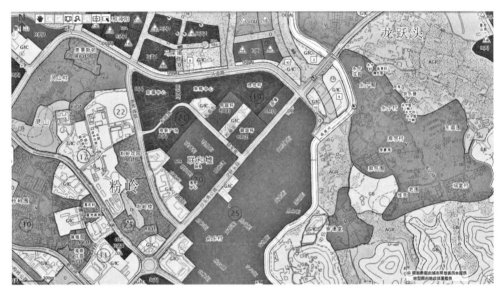

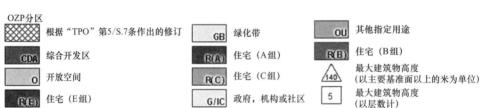

图 4-4　荣福中心法定图则

（来源：香港法定图则的汇总及查询系统）

[①] 1997 年香港回归后，特区政府介于楼宇价格过高对香港竞争力的影响，认为降低楼价利于改善民生，因此放弃高地价政策。1998 年亚洲金融危机来袭，港府仍坚持大量增建楼宇，结果造成供过于求，楼价暴跌。面对这一局面，特区政府为了"稳定楼市"，于 2003 年 9 月宣布了四项措施，包括无限期停建及停售居屋，终止私人机构参建居屋，停止推行混合发展计划，以及停止租者置其屋计划等，"可售"类的公屋政策全面暂停。

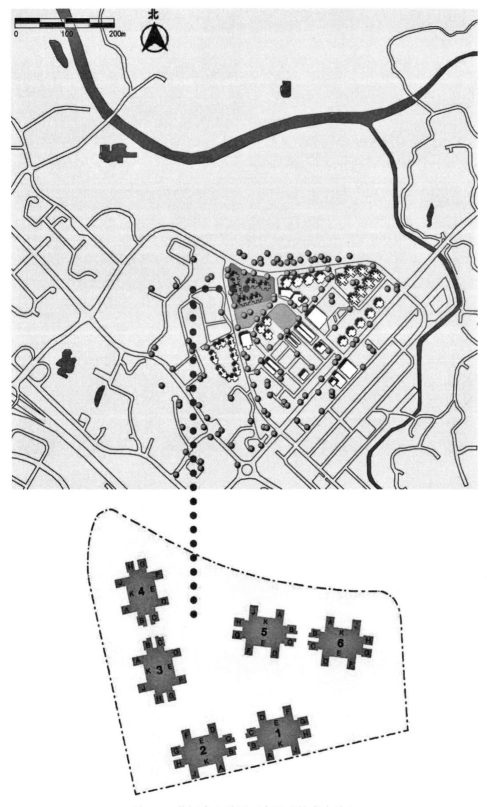

图 4-5 荣福中心总平面布局（笔者自绘）

图 4-6 荣福中心照片(笔者摄于 2014 年 12 月)

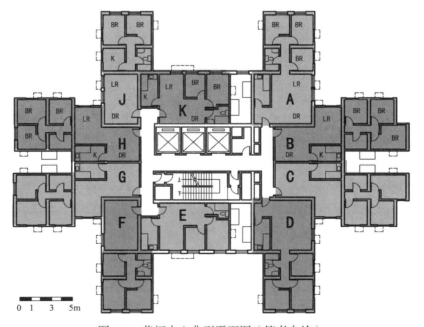

图 4-7 荣福中心典型平面图(笔者自绘)

荣福中心组成 表4-4

名称	类型	竣工
1座	私人机构参建居屋计划	1994
2座		
3座		
4座		
5座		
6座		

1. 使用者反馈

（1）R1：社会沟通是社区生活的一个重要因素。

"现在，我的健康状况足够好，可以照顾好自己。我很高兴住在这里，因为我认识几乎所有的街坊，我们每次见面时都会互相打招呼，我们一起去喝茶和打麻将，我想这些都是最重要的事情。老年人通常对生活条件没有太多的要求，如果一个人标准很高，去私人住宅，那是另一回事了。然而，也许我不认识住在那里的任何人，那么我就不会像现在那么开心了。但如果一个人身体不好，那可能就是唯一的办法。这就是为什么我总是说，太老不好。"

（2）R2：社区设施的提供在某种程度上令人满意。

"我每月领取2000港元的津贴。老年人吃得很少，不会花太多，所以已经足够了。这里很方便，什么都有；你甚至不必去其他地方。"

（3）R3：家庭关系，尤其是与后代的关系，对长辈来说很重要。

"如果可能的话，最好和孩子们住在一起，房子当然越大越好。"

（4）R4：老年人通常只有身体不好才考虑替代住房选择。

"我从来没有考虑过养老院。我现在身体健康，当需要的时候我才会考虑。"

（5）R5：大多数老年人可以接受社区中的娱乐和锻炼机会。

"家务每天有保姆做。我在家的时候，通常花时间在自己的卧室里。我参加很多课程，如普通话、英语、毛笔字、手工艺等。如果没有上课，我会和我的朋友打麻将。我每天早上和晚上锻炼；我花很多时间锻炼。吃饭要看情况，如果我的家人不和我一起吃饭，我就一个人在客厅里吃饭，或者出去吃饭。附近有公园、市场，不需要增加任何设施。"

（6）R6：关于建筑方面，一个最常见的问题，就是房间面积太小。

"卧室太小了；甚至很难转身。我经常坐在床上做事情，或者干脆去客厅。但香港所有的房屋都是这样。"

"我对生活环境的期望是干净、整洁、不嘈杂。"

4.2.3 白田邨

白田邨（图4-8）是香港九龙深水埗石硖尾的一个公共屋苑。

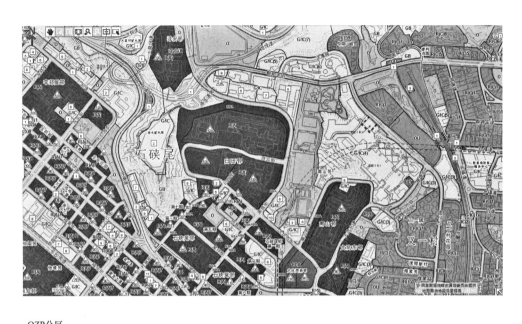

图4-8 白田邨法定图则

（来源：香港法定图则的汇总及查询系统）

1. 背景

在重建前，白田邨共有17座，建于1969～1979年之间。第1～3座和第7～17座位于上村，而第3～4座位于下村。1984年，两个地产合并为白田邨。1985年，香港房屋委员会宣布，第14～16座的混凝土有结构问题，于1989年首次拆除。第4～6座及第17座在1990年代被拆除。除了第1～3座和9～13座之外，被拆除的街区现在都被新长型大厦所取代。

白田商业综合体位于深水埗的白田邨。它建于白田邨第17座楼建成之时。这是一座3层建筑，该物业由管理服务有限公司管理。该综合体包括14间店铺、4个熟食摊位及69个市场摊位，总面积约2000平方米。此外，在白田邨的内街区的地面层，还有32个店铺和12个商店摊位。商业综合体很易达。大楼内有一个停车场，有335个停车位和3个其他停车场，包括354个停车位。公共交通服务良好，包括许多公交线路。地铁石硖尾站就在附近，巴士总站也位于白田邨。

瑞田大厦：294个单位，没有浴室，没有厨房，所有居民均为长者（表4-5）。

瑞田大厦 表4-5

	A座	B座	
7/F	男性长者单位701~748	女性长者单位749~796	
6/F	男性长者单位601~648	女性长者单位649~696	
5/F（访客、非工作人员只能由此进）	男性长者单位501~548	女性长者单位549~596	
4/F	平台（至白田一街和援助站）		
3/F	停车场	B座	
		香港圣玛丽亚自杀预防协会	香港社会柏丁早期教育训练中心	帕克·蒂普蒂斯特教堂邻里中心
2/F	停车场（私家车/面包车）		
1/F（至白田街）	停车场（停车服务）（面包车/垃圾车/急救车）		

安田大厦：118个单位；1~4楼过去是供老年人使用，但后来接受单身居民申请。所以现在有年轻人和老年人，有浴室，没有厨房。

2. 使用者反馈

（1）R1：家庭关系，尤其是与后代的关系，对长辈来说很重要。

"只有我的小儿子与我住在这里。其他子女都有自己的家，有的在青衣，有的在蓝田。没有足够的地方给我住。"

（2）R2：老年人的经济压力相对较高。

"这里的租金高达每月3000港元。如果你选择住在公屋里，就只要500港元，但在你的单位没有浴室或厨房，你需要去公共浴室。这种房子当时是英国人建的。"

"没有考虑过去养老院。不用给钱吗？我能够照顾自己，所以住在这里非常好。"

（3）R3：家务劳动通常由长辈自己或家人进行。

"我自己做家务。我儿子有时会帮忙。现在我们有洗衣机，不再需要用手洗；我只需要晾。"

"我不做家务。通常是我的家人做。"

（4）R4：日常生活中最常见的活动包括看电视和四处走动；老年人花费最多的地方包括公园、餐厅、购物中心/市场和卧室。

"我睡得很少。所以我想是客厅。我通常看电视,但整天看电视很无聊,所以我下楼散散步。"

"我早上5点起床,煮一些水冲燕麦。然后下楼锻炼,与街坊去喝茶,主要是为了聊天。政府每月给我们2000港元,我们用它来喝茶。"

"我来这里坐着。有些人甚至晚上都来。我通常在下午3点回去准备晚餐。我通常做汤。这是我的习惯。晚上,我通常看电视或苹果电脑,然后去睡觉。"

"我真的不喜欢待在家里。孩子们都去上学了,家里没有人。我看看书,我也不喜欢看报纸或看电视。所以我想家里最常用的空间只是一间卧室,用来睡觉。"

(5)R5:老一代和年轻一代之间存在习惯差异。

"我们分开睡在不同的房间里。这套公寓足够大,大约500平方英尺。我不喜欢开空调,但年轻人通常喜欢开。"

(6)R6:安全问题。

"当我们选楼的时候,我曾经想要选择这条路对面街区一楼的一个单元。我觉得住在低层比较方便。但是我的女儿告诉我不要住在那里,因为那里有一个平台,她担心会有小偷进来。她说我喜欢四处走,而不是待在家里,所以很不安全。"

"有人打开了消防通道;非常冷,而且非常不安全。我报告了,但没人管。他们只是说门锁不上。"

(7)R7:在社区内提供设施对长者的日常活动非常重要。

"我以前住在深水埗,购物什么的都非常方便。但是在这里,去购物和吃饭的地方要走很长的路,你得顺着斜坡爬上去。我的腿不太好,膝盖疼,我走不了那么远。但我以前住的地方有一个游乐场;非常吵。所以我还是搬到了这里。"

"我去过一次(活动中心);没有那么多有趣的活动,你还得排队,所以我失去了兴趣。此外,由于安装了新的设施,他们搬走了。"

(8)R8:在建筑方面,作为一个普遍的问题,房间的尺寸太小了。

"我很想念阳台,我们这里没有阳台,感觉很封闭。"

"我女儿让人翻修了浴室。例如,厕所的按钮改成了容易按的那种。"

"没有足够的空间;我们睡在地板上,共用一个房间。"

(9)R9:社交是生活在社区的一个重要因素。

"我们经常一起喝茶,在公园里聊天等。"

"我经常和邻居们出去喝茶,坐在过道里聊天。"

(10)R10:感知控制对老年人的心理健康非常重要。

"我通常自己去市场买我想吃的东西。如果我在养老院,我只能吃别人给我的东西;那我不会开心的。"

4.3 专业人士访谈

4.3.1 朱小姐，长者资源中心，2014年10月30日

长者资源中心由HKHS（香港房屋协会）于2005年兴建。生活环境，衰老过程和角色的转变是对老年人影响最大的三个因素。资源中心（图4-9）主要包括三个方面：第一是健康老龄化区；第二是适老性住房；第三是不同项目的信息中心和展区。

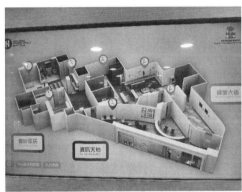

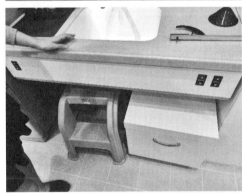

图4-9 长者资源中心（笔者自拍）

生物学上的衰老可能会导致需要许多设施的帮助；例如，一个人可能不需要晚上去厕所的夜灯，只有在一个人变老，视力变弱之后才需要；另一方面，退休是一生中社会角色的一个巨大转折点，如果处理不当，会产生负面情绪，整天坐在那里感觉自己没用。因此，房协利用这一资源中心，推广在地安老的概念，希望能帮助老年人在熟悉的环境中独立、安全地变老。

在健康老龄化区，包括四项身体检查：大脑健康、步行状况、身体功能和骨密度。使用交互式电脑游戏访问老年人的身体功能，例如反应、听力、视力、关节可行性、肌肉力量和伸展能力。记录保存在智能卡中，报告可以在现场打印出来。

专业的身体和营养学家也将在那里提供建议，从健康信息到日常生活中给老年人的各种小窍门。另一个展览是"适老性住房"，有些是高技术的，有些是简单而高效的。例如，在厨房里，香港大多数橱柜都很高，这对老年人来说很不方便。因此，如果我们把它改为活动柜，它将更便于使用。

柜门做成透明的比较好，因为老年人的记忆力不太好。即使不更换橱柜，我们也最好在家里为老年人保留一个专用的脚凳，这样老年人踩上去更安全。最好用电磁炉代替燃气炉，万一老年人忘记关了，这是非常危险的。还有许多小物件，例如，开瓶器，计时器，这些都是平时常见且在生活中便利性较高的物品。

然后是阳台，由于香港是一个非常紧凑的地方，我们很少在家里看到阳台。人们通常会把衣服挂在客厅或窗户外面，但这对老年人来说是非常危险的。而且湿衣服对于老年人来说是很重的，因为他们的力量比较薄弱。因此，我们建议使用一个可遥控的晾衣竿。然后在浴室里，通常浴室和其他房间之间会有高度差异，还有一些在入口的地面有突出，都是很常见的做法，这对老年人来说都是潜在的危险。

因此，我们建议消除高差，利用坡度进行排水。并记得淋浴时在旁边放一把椅子，避免老年人站立太久而摔倒。厕所旁边需要安装好把手，用于帮助老年人站起来。把手有 L 形，S 形和 U 形，通常 S 形最适合攀爬。如果是浴缸（不建议使用），则需要坐板以及把手和防滑垫。实际上，由于浴室地板经常都是湿的，因此在入口处也建议使用防滑垫。

至于卧室，如果老年人需要长期护理，可以将床换成医院的那种护理床。由于护理床跟平时家用的样式是一样的，所以老年人可能感觉好一点。书架内部还可以增设一张单人床，供护理人员休息。因为老年人视力很弱，而且衣柜里总是很暗，所以在里面增设了灯具。

我们建议使用矩形框整理衣服和东西，这样老年人更容易找到。衣柜的门更易于打开。至于客厅，我们也建议在沙发上增加一个把手，有些人可能会觉得它不好看，但与书桌结合使用就可以解决这个问题，而且还便于使用。有一种休闲椅，可以遥控抬高靠垫的背面，以此帮助老年人起身。

最后，还有一个 i-Home 展示。这只是一个设计概念，还没有应用于市场。首先，移动传感器安装在房间中。如果检测到长时间不动，电话将自动拨给老年人的亲属，或直接呼叫医疗组织。不同的房间可能有不同的时间点，这是为了防止在无人知道的情况下昏倒或发生事故。

智能平板可用于控制家里的所有电器，从而省去了操作开关的麻烦。特别是在一些老房子里，开关的位置很低，老年人很难操作。智能平板还将跟踪老年人的血压和血糖等记录。这些记录可以作为以后医疗时的参考。

其他房间都像我刚介绍的那样。当老年人与家人在其熟悉的社区或者处于非常熟悉的环境中时，他们会感到轻松自在。但是，养老机构的质量可能不尽相同，似乎老年人在那里不会感到高兴。

1. Q&A

（1）Q：这些适老性住房计划会有津贴吗？还是他们是自负盈亏？

A：目前是自负盈亏，没有政府补贴。有些非常容易实现，而且价格便宜，但仍然可以非常有效实用。

（2）Q：这是香港唯一的老年人资源中心吗？来自其他地区的老年人呢？

A：是的。其实我们中心的订票很全，香港各区域都有老年人来参加。

（3）Q：我去了一些老年中心，他们组织了各种各样的活动，但老年人不一定乐意在那里，是吗？

A：我认为最大的问题是他们对周围的环境不熟悉。在那里也许更容易得到医疗服务。但实际上，如果该中心是由政府资助的，它可能比私人中心要好得多。因为私人中心更关心赚钱，可能条件很差，很拥挤，而且不会为老年人考虑太多，如组织活动等。

4.3.2　香港房屋协会，丹拿山项目，泰先生，2014 年 05 月 12 日

香港房屋协会的丹拿山项目离香港地铁站站点很近，有着很方便的交通设施。居民们可以从 2015 年开始申请，并且预计在 2015 年年末搬进去。丹拿山项目共有 3 个街区，提供 588 个住宿单元，从一室公寓到三室公寓，以及一系列的配套设施。例如，有一间会所和一间会员会所。

居民们可以使用图书馆，日托中心，比如：成员可以享用餐厅、室内游泳池和健康中心等。一共提供有 7 个不同的单元。这里给长者不同的选择。首先，这里有 345 英尺的公寓，虽然没有卧室，但有一个开放的空间，并且可能需要居住者带上他们自己的家具，比如衣柜。这里有足够的睡眠空间。还有一种更大的单元，有一个卧室和一个贮藏室。

这个单元有 505 英尺，约 50 平方米，并且还带着一个开放式的储藏室。但是有一些年长的人可能不是很喜欢开放的储藏空间，他们不需要给厨房一个用于储藏的大空间。于是我们有了第二个选择，同样是一个卧室和储藏室，但是厨房是一个标准的厨房。储藏室可以灵活使用，你可以将它变为一个学习，甚至娱乐的空间，比如将它变成一个麻将室。还有一个更大的两房单元，595 英尺，就是刚才录像展示的第二个案例。

这种类型有一个开放式的贮藏空间和两个厕所，但是只有一个带淋浴间。如果你想要两个厕所都带淋浴的话，可以选择更大的单元，即两房和储藏室单元，有 740 英尺。这个单元包括一个封闭式厨房和一个开放式的储藏空间，给年长的人提供选择。这里还有一个三房的单元，录像并没有放映到这里。因为在我们提

供的 588 个单元中，只有三个三房单元。

数量确实比较少，但是我们要确保关照到每一户，以前住在 1000 英尺单元的长者，也可能想住在一样大小的单元里，而这个三卧室的单元差不多有 1100 英尺。关于我之前提到的通用设计，所有单元都采用这种概念进行过家居设计，例如，两房的单元，卧室十分宽敞，一个双人床或者两张单人床可以放置在房间里，床的两侧都留有足够的空间供照料者和其他人走路。

所有的门都是推拉门，为长者们使用。厨房里所有的储物柜都可以移动，厕所也是，以便创造更宽敞的空间，使用更加方便。为了确保长者的安全，所有单元内的公共部分都加设了扶手。楼上是居住者的居住单元，楼下是一些配套的设施，比如俱乐部、健康中心、康复中心和日托中心，为长者组织不同的活动，他们可以参加一些感兴趣的小组等。

这里还有一个疗养院。从长远考虑，长者们在这里居住了很长时间，他们来的时候可能身体还很健康，但是当他们变老后，就很难照顾好自己，他们可以选择去疗养院。可是如今那里的床位十分紧缺，我们也不希望我们的居民会有这方面的担忧。疗养院的具体床位数量还尚未最终确定。

乐颐居是香港房屋协会的招牌；丹拿山是我们的第一个项目（表 4-6、表 4-7）。尽管有一些居民已经 60 岁了，但是他（她）还是可以申请，我们对资产并没有严格的限制。所有的单元仅供出租。明确的价格还在计算中。这里有好几个将会影响我们价格的方面。首先是年龄，其次是单元的大小，再次是出租的时间（将会被市场价格所影响）。这是一次性的出租，你可以住到去世为止。

丹拿山项目单元类型　　　　　　　　　　　　　表 4-6

单位类型	销售面积（平方米）	单位数量（开放的入口）	单位数量（封闭的厨房）	单位总数
工作室	31~33	72	—	72
1-卧室+储藏室	43~52	124	105	229
2-卧室	55~57	104	—	104
2-卧室+储藏室	61~76	76	103	179
3-卧室+储藏室	106~112	—	4	4
总计		376	212	588

丹拿山项目楼宇　　　　　　　　　　　　　表 4-7

第 1 座	29 层
第 2~3 座	24 层

还有一些其他的费用，比如公用设施和管理费用。如果你不想租了或者业主去世了，我们有退款机制。在 24 个月，也就是两年内，你可以将 80% 的租金退回。120 个月以后，也还有 5% 的租金。这里给一个参考的价格，例如一个 70 岁的老年人，租了这个 345 英尺的单元，租金将会是 300 万港元。我们有很多提供给长者的服务，例如，每个月将会有两个小时的上门维修。

每个单元都已经安装了紧急装置，它将 24 小时连接着服务中心，一旦接收到了呼叫，我们的同事会马上来到你的门前，或者呼叫其他人获得帮助。在每个单元内，有一个血压测量仪、体温测量仪和其他的装置；所有的信息可以在居住者的同意下上传到系统，有专业的医护工作人员管理着这个系统。如果居民同意，我们还会安装一个检测装置，如果长时间没有发现长者活动，或长时间没有打开前门，它会向工作人员发送信号。为了防止老年居民在单元外发生事故，我们有一个老年人随处可以携带的移动设备，但仅限在这个社区。我们亦会每年安排"爱心大使"探访居民，听取他们的意见和需求。

1. Q&A

（1）Q：这个项目是否由政府资助？

A：不，这个项目完全是我们房协自己做的。我们以前有政府资助的项目，但对房产有限制。超过某个值，就不能申请。但是只要你超过 60 岁，你就可以申请这个项目。

（2）Q：彩颐居[①]，乐颐居，和这个项目有什么不同？

A：这是一个更高级的长者住宅，我们已经对其他国家做了很多案例研究，包括日本、美国等，他们有这样的老年人高端住宅，并且很成功，我们希望在中国的香港特别行政区更富裕的老年人身上尝试一下。

（3）Q：当被问到关于面试这个项目的经理时，您的同事说这个项目还没有准备好，请问是什么时候？

A：是的，因为很多信息还在计算中，可能要到 2015 年他们才能确认。

（4）Q：周围的环境怎么样？

A：有两个入口，一个在我们展柜前面的这条路上，这是主要入口，因为它靠近地铁站；丹拿路上还有另一个入口，主要供地面交通使用。你走过一家"阳光电影院"就能看到我们这三座大楼所在的全貌（图 4-10）。

---

① 彩颐居（CheerfulCourt）是由香港房屋协会与香港圣公会福利协会合办的"长者安居乐"屋苑，位于香港牛头角佐敦谷，邻近港铁牛头角站及淘大花园。它是香港其中一个同类屋苑，另一个是将军澳坑口的乐颐居。入住的长者符合一定的资产限额后，只需一次过或分期缴付"租住权费"，即可长期租住，直至终老，无须再按月交租。屋苑有两座楼宇，于 2004 年落成。

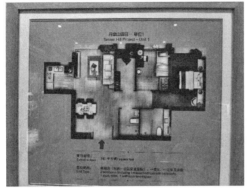

图 4-10　丹拿山项目（笔者自拍）

4.3.3　香港房屋委员会，卫博士，2014 年 12 月 11 日

1. Q&A

（1）Q：您能介绍一下老年旅馆建筑设计和场地规划的考虑吗？

A：事实上，我们自 2000 年以来就没有做长者房屋了，取而代之的是通用设计。所以它已经成为历史。在场地规划方面，我们希望老年人能够在地安老，这是一个大方向。实际上不是最近开始的，而是从 2000 年开始的。我们希望每个单元都能为不同能力的人使用，这些人指的是残疾人、儿童和孕妇等。我们希望老年人也能在地安老，所以这是我们现在的政策，对所有的公屋。

（2）Q：为什么长者房屋被取消了？

A：因为以前的Ⅰ型、Ⅱ型、Ⅲ型在单位重置时缺乏灵活性。因为他们都是小单元，当老年人停止使用时，因为他们年纪大了嘛，如果有一天他们不能使用，唯一的方法是分配给另一个老年人。没有办法做其他用途，例如一家三口（父母和孩子），因为尺寸太小，而且不太方便。因此，关于重新安置的灵活性，是一个问题。此外，我们觉得这不是一个很好的老化方式。

（3）Q：我列出了从20世纪60年代进行的一些统计和调查，从中我们可以看到，政府已经慢慢转向私人市场，政府的态度从为老年人提供庇护所转向帮助他们找到合适的庇护所，对吗？

A：不能这样说。因为屋宇署提供住房，这是我们的核心业务。我们以前的住房都是为健全的老年人建造的。体弱长者会住在社会福利署提供的收容所，所以这两种是截然不同的。但后来我们发现，正如我刚才所说，这个单元通常很小，而且，因为我们有特定的消防设施，所有的浴室、厨房都考虑轮椅的进出而设计得比较大。所以对于老年人以外的居民来说，这不是最好的方案，因为缺乏灵活性。我们不希望整个建筑是为老年人而建的，因为它给老年人的日常生活带来了隔离感，这是不可取的。所以我们坚持我们的在地安老政策。

（4）Q：虽然它已经成为历史，但您能谈谈为什么会有这六种类型的老年住房吗？

A：由于 I 型发展于1968年，我们使用了一楼，并将其转移到每个单元的分离中，以便为不同类型的人适当使用。当时的概念是我们希望老年人能过上正常的生活，在标准的社区街区。第二类是在1990年代后期发展起来的，在裙楼上，因为当时的噪声控制非常严格，我们开发了许多对噪声不敏感的建筑，如停车场和商业空间，我们做了一个裙楼，但仍然有在裙楼上使用的地方。因为我们在使用这栋楼的时候，有时是单面设计，所以最重要的是把附属设施的一侧放在最吵的一侧，切断噪声。但我们仍然不能在裙楼上建造一座公共建筑，因为噪声使我们除了屋顶花园什么也做不了。因此，我们使用它来开发 II 型，在裙楼上，商业裙楼和停车场。因为这种 II 型也是单面的，所以在面对街道的嘈杂一侧，我们通常不设置窗户，即使这样做，我们通常只在外围设置厨房、浴室和其他公共场所，卧室面向内部。III 型，基本上是因为 II 型中有很多公用空间，比如两个老年人共用一个卫生间。有些老年人不喜欢，所以后来我们开发了这个小单元的大厦，有小的独立的单元，老年人有自己的厨房和浴室。后来我们有了小型独立单元[①]，我们有照顾所有长者房屋的监护人。但可惜不是一对一照顾，而只是监护老年人、组织活动、处理他们的抱怨，一旦老年人需要帮助，他们就会在那里照顾老年人。这是老年公民住房的三种类型。小型独立单元更受老年人欢迎和青睐。因此，我

---

① 香港房屋委员会及香港房屋协会均提供专为长者而设的特别住屋单元。房委会为长者提供的租住公屋主要分为长者住屋及小型独立单元：长者住屋设有舍监服务，提供共用和休憩设施；小型独立单元备有切合长者需要的设备，例如防滑地砖和推杆式水龙头。

们开发了更多的这种类型，在和谐型大厦居住核心的附近增加了独户公寓。这种方法的优点是老年人接近其他家庭单元，这是非常好的，类似于原居安老。我们通常每层有四个单元，在某些特定的情况下更多。利用现有的和谐型大厦，由于水管、电梯等尚未达到最大容量，我们增加了更多的单元，如转换单元。还另外添加了一个单元，称为新和谐附翼。

（5）Q：这种项目虽然不再建了，但还有长者住在里面吗？

A：是的。目前，我们采用自然消除方法。例如，对于Ⅰ型，如果老年人不再住在那里，我们将其转移回家庭。对于Ⅱ型，实际上早在1990年代末，我们就开始接受单身人士的申请，以鼓励年轻一代与老一辈生活在一起。至于Ⅲ型，我们将申请标准降低到58岁。以这种自然的方式，我们希望能解决所有的问题。

（6）Q：目前公屋的应用仍然非常紧张，等待时间通常很长，一般需要几年。

A：对，一般三年。对于老年人是1.6年，从申请到第一次选择单元，确实很紧张。

（7）Q：对房屋协会的类似项目有什么想法吗？您觉得这些项目怎么样？

A：我认为它们是必要的。因为这些项目都是过渡的，而且没有太多的利润。因为我们已经基本进入老龄化社会，不仅是贫穷的长辈，而且也有越来越多的富有和单身的长辈。年龄越大，单身的可能性就越高。所以他们需要被照顾。虽然有一些私人组织想要这样做，但是因为基本上没有利润，所以直到现在都没有实现。

（8）Q：在您看来，您认为香港老年人住房的利弊如何？

A：大环境，就像我刚才说的，不够好。我认为如果没有必要的话，大多数人会更喜欢在自己的地方变老，所以这种在地安老的概念仍然是非常重要的。这应该是发展方向。应该在这方面做更多的工作。他们熟悉环境，但健康状况不如以前。因此，我们应该在设计之初就采用通用设计。此外，在熟悉的环境中，他们可能无法做饭、洗衣服等，因此外部工作是非常必要的，例如由护士和社会工作者帮助他们，我想应该是这样的。但它需要政府大量的投资才能实现。即使在欧美，也没有很多国家能做到这一点。

（9）Q：与欧美等相比，您认为中国香港的独特之处是什么？

A：香港的独特之处不仅是老年住宅，而且是最具特色的高密度和高层建筑（图4-11）。当然，它有自己的优点和缺点。优点是它更方便地满足不同种类的生活需求，容易将人聚集在一起。缺点是在这种高密度的环境中，老年人可能需要更多的空间，比如公园，但恐怕还不是很够。

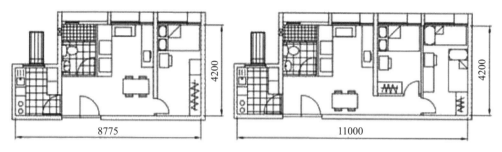

图 4-11　1P/2P 平面和 2P/3P 小单元大厦（笔者自绘）

4.3.4　AD＋RG 建筑事务所 / 香港中文大学，林教授，2015 年 01 月 27 日

1. Q&A

（1）Q：您可否以雅丽氏何妙龄那打素护老院为例，谈谈长者房屋计划的考虑因素？

A：那是很多年前的一个项目了。关于老年设施，我们非常关心老年人的生活需要，有很多细节需要考虑。我这里有本书，你可以参考一下。这也是我多年前与香港社会服务联会合作出版的一本书。我们调查过香港的通用设计。有些建议，如长者住屋，在这些空间存在许多问题。举例来说，在香港一个房间通常有 4～6 张床，门边的床有隐私问题。因此，我们提出了这些问题需要改进，且应该在设计上考虑到。还有，我们试图把这些考虑应用到那打素项目中。例如，你可以看到，我们为他们提供了小空间，他们可以在那里活动，与家人见面等。包括走廊的设计，左边和右边是不同的。因为长者对方向不太敏感，我们需要帮助他们。例如，扶手的颜色是这种，另一边的剖面和颜色是另一种。这样可以帮助他们找到路。所以我们考虑了这些细节。此外，在一开始，我们考虑了老年人的不同健康状况，但是我们希望他们无论如何都能过上有尊严的生活，而不是感到依赖他人。如前台的设计有高层和低层。这样，坐在轮椅上的长者也可以很容易地与他人沟通。这部分就像我说的，左边和右边的扶手是不同的。你可以从一边看到外面的景色。当你能看到外面的时候，更容易辨别方向。所以这些细节，我们几乎应用了所有列出的概念。此外，有些老年人大部分时间都在床上度过，所以窗台需要设计得低一些，让他们能看到外面，而不是空白的墙壁。还有，我和一些医生和专业人士谈过，他们说老年人对颜色和光线很敏感。例如，当从一个空间进入另一个空间，需要改变颜色，这样他会知道他从走廊进入了一个室内空间。所以我们进行了部分调查，做了一些研究，参考了许多案例和国外的标准，用于那打素项目。这就是我们在这方面的考虑。

（2）Q：雅丽氏何妙玲那打素老年人院位于秀茂坪的配套设施区（图 4-12），目前改为了元贤养老院；周边有住宅区、商场、学校、青少年中心、活动场所等，您在选址时考虑过这些因素吗？

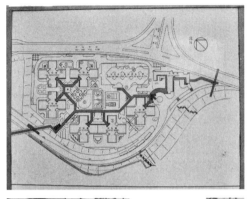

图 4-12　雅丽氏何妙玲那打素老年人院平面图及外部（笔者自拍）

A：实际上在香港，城市规划委员会通过规划部门对每个社区的规划都有一定要求。包括学校、社区设施和青少年场所，都有香港的规划标准和指导方针。所以，在制定大纲和社区布局时，我们需要考虑到这些因素。例如，这些非政府组织，包括那打素，都是这样运行的：在每个社区，都有一个辅助设施处。他们通过社会福利署，将这些设施分配及管理给不同的非政府组织申请，与内地完全不同。在香港，有时通过政府津贴，有时非政府组织本身充当私人部门，例如，那打素老年人院项目，一半的床位由社会福利署（SWD）购买，另一半则是私有的。它们很相似，但私密的床位更适合私人使用。如今，经过这么多年的发展，在布局、隐私等方面都有了很大的进步。总之，政府需要对这些非政府组织的工作、服务等作出回应。因此，一方面，政府的规划很重要；另一方面，非政府组织的参与也很重要，特别是对于这些老年人和老年人的住房。

（3）Q：附属设施区包括一个停车场（地下 1~3 层）、爱丽斯何妙龄那打素老年人院（1~4 层，目前为元贤老年人院），一个平台（5 层），和四栋 45 度楼（6~7 层），为什么会这样设置？

A：实际上这并不是我的设计，整栋建筑是香港特别行政区政府、香港社服务委员会通过建筑部门作出的设计。然后由非政府组织申请,负责装修、室内布置等工作。所以这栋大楼不是只由我设计的,我们只参与了一层。我们帮助非政府组织进行设计。另外,我很感兴趣,因为我们做了这样的调查,像这样的项目,部分概念可以应用到设计中。所以整个设计,就像我刚才说的,由社会服务委员会通过建筑部门进行,便于管理。其优点是由一个委员会负责,缺点是每个部门都由不同的人负责。我也是香港房屋委员会的成员,如果我们看一下香港房屋委员会的设计,它们基本上是一个循环。例如,在这个圈子内,学校由香港房屋委员会设计,交给教育署;社区设施,包括青年会堂,交给区房屋委员会;老龄设施交给社会福利署,所以这些建筑的形式都是有特定风格的,便于今后的管理。总而言之,有优点也有缺点。

(4) Q:AD + RG 公司参加了鸭脷洲改善工程和香港理工大学社区学院(红磡湾)的设计,您能谈谈公众参与吗?您是否让公众参与这项养老院计划?或者您调查过最终使用者的反应吗?

A:实际上,我做了很多公民参与和公众参与的工作,不仅是建筑项目,也出版了一本关于公众参与的书,主要是公众参与公共建设、城市规划等的不同方式。近年来,我们一直协助政府(如规划署、民建署等)组织公众参与,并且从事大屿山和梅窝地区改善等小型工程。我们为公众提供了表达意见和参加研讨会的机会,因此有很多不同的形式。当然,也有一些应用于建筑设计。例如,香港理工大学社区学院等一些校园设计,我们邀请了教职员工和学生参加研讨会,询问他们对未来校园的期望。比如规划署,我知道他们每一个项目都有公众参与。但最近几年,情况有所不同。这不仅是公众参与,更是政治。政府也不容易,所以我们需要付出更多的努力。

(5) Q:您认为中国香港在高密度大环境下与其他国家相比有什么独特之处?

A:我认为全世界都面临着人口老龄化的问题,所以在这方面,面对高密度发展是必然的。我认为对于香港的建筑来说,最重要的是争取更多的活动空间。老年人有自己的需要。当然,我们现在有电梯等设施,方便很多,所以也不算太差,但最关心的问题是消防安全,这是不容易解决的。除了这个问题,现在包括房管局在内的很多设计都很注重老年人,比如等电梯的时候,也就是大堂里,有一个很小的空间让他们坐,那就足够了。除此之外,走廊的扶手,以及这类的许多细节也可以帮助老年人,也更加方便,包括灯开关的位置,即使我们做得是通用设计。像我办公室里的这些开关,设计得不太好,因为它们太低,不适合长者。所以现在我们都放在中间。这些年来,人们非常关注这些细节。当然,因为老龄化的问题,它变得越来越重要。

(6) Q:房屋委员会提供的长者房屋有:

长者住屋	HS1：标准住宅大厦低层的转换单元
	HS2：商业裙楼或公园上方
	HS3：小单元大厦的低层
独立单元	和谐型大厦
	和谐型附翼
	小单元大厦

而房协近几年也开发了彩颐居、乐颐居、松明舍[①]等，以及目前正在建设的丹拿山项目，您觉得这些项目怎么样？

A：事实上，我认为它们需要得到更多的提升。因为有一个问题，老年人以及残疾人的设计，需要更多地考虑公共空间的设计，包括宽度、采光等。但开发商通常认为这是浪费空间，因为它们在公共场所占据了大部分面积，没有人会改变这方面的想法。因此，这类项目（包括我刚才提到的屋宇署）应该促进这些设计。包括公共空间的设计，应该多分配给长辈。小朋友很重要，老年人也很重要。实现这些需要考虑很多因素。我认为需要更多的会谈。政府应该在这方面加以引领。我们很多的公共空间和公共场所应该多为老年人着想，需要更多的提升。关于公众参与，我认为这几年并不容易。香港社会越来越两极分化。每次都会有反对者。因此，对于政府来说，许多官员非常关心让公众参与。在过去，几乎 10 年前，每个人都很兴奋，试图看看它是否有帮助，结果并不坏，这是好的。但近年来，政府感到面对公众很困难。所以需要新的方法，这是不容易的。

4.3.5 香港城市大学讲师，叶先生，2017 年 1 月 16 日

1. Q&A

（1）Q：您能介绍一下针对老年人，在建筑设计和场地规划方面的考虑吗？

A：众所周知，老龄化正成为一个越来越紧迫的问题。但是，仍然需要制定一些长者的支持策略。像非政府组织、私人机构总是报告老年人受到虐待。当然，有规章制度管控养老设施。基于老龄化需求，仍有改进的空间。

（2）Q：您认为香港的户外环境对于老年人而言有什么优点和缺点？

A：优点是非常适合放松，使人与自然接近。阳光有利于产生更多的维生素 D，防止骨质疏松，当然可以抗寒和抗抑郁。此外，植物疗法（例如种花植草）确实有助于身心健康。缺点是生活成本高，尤其在城区，土地短缺、缺乏隐私、

[①] 松明舍主要提供二人及四人的老年人居住单元。各单元的内部设置对流窗，露台及花槽等，单元内设有独立的厨房及浴室等设备，单元除厨房及浴室外，内部没有固定间格，但窗户位置已按预计的房间位置设定好，居民可按需要分间成一房、两房单元。

环境嘈杂。例如，彩虹邨附近的那打素项目有一些户外空间和绿植，但是这些方面对于开发商来说却没有太多的好处。因为有些准则要求这块地必须有一定的市民活动空间，否则开发商可能什么都不做。当然，社交互动是非常重要的。

（3）Q：与欧美等西方国家相比，您认为中国香港的独特之处是什么？或者与其他高密度国家对比，例如新加坡和日本。

A：西方国家一般有更好的设施，他们的居住空间或其他空间至少是我们的1.5倍。在中国香港，情况截然不同。居住在混合使用的城市环境中，总体上缺乏足够的空间、缺乏日常生活的私密性以及对使用空间的竞争、噪声等问题。尽管老年人对环境具有较高的容忍度，但伴随着身体功能下降，这些问题会导致老年痴呆症。我从未去过新加坡和日本，也无法发表评论。

（4）Q：房屋委员会和房屋协会在最近几年开发了彩颐居和乐颐居，并且丹拿山项目目前正在建设中。楼上是居民区；楼下是一些老年人下楼就可以到达的保健中心，俱乐部和养老院。您如何看待这些项目？

A：我们当然想要有更多的低层和水平开发项目，它们更加有效和安全。但是，由于香港的各种情况和土地限制，导致我们更多倾向于垂直发展，与此同时也带来很多问题，比如上下楼梯时需要更多的照看，而工作人员总是不够。房间的身份识别又是另一个问题。我相信好的设计和配套设施可以去解决这些问题。

（5）Q：从1960年代进行的统计和调查显示，政府已逐渐转向私人市场，政府的态度从为老年人提供庇护所转变为帮助他们寻找合适的庇护所。从现在开始，我们推行在地安老政策。在这种情况下，您认为在老年人社区设计中重要的因素是什么？

A：非政府组织和社会工作者的观点和意见应纳入决策过程。然后这些未成熟的观点如何转化为实际的政策计划和行动？例如，对老年公寓和高级住房的分配评议应在定期公众参与的情况下进行审查和公开讨论。

（6）Q：社区周围的环境，例如购物中心、学校、老年中心、活动场所和公园，您认为对老年人来说更重要的是什么？

A：我会将活动场所放在首位，身体和社会的互动对长者很重要。听粤剧、聊家常、种花草，这些元素都可以让老年人更加开心，带给他们美好的回忆以及锻炼他们的大脑。长者中心，我将它排在第二位。但是，通常在长者中心只有大厅，却没有较小的房间可以玩麻将、纸牌和其他类型的游戏。我会把传统市场放在第三位，而不是购物中心。大多数老年人习惯在传统市场上购买日常用品。实际上，传统市场在1997年以后变得越来越少。学校当然也很重要，尤其是幼儿园，因为长者喜欢孩子。因此，不同功能作用的空间组合在公园或者花园里是很重要的。

（7）Q：步行环境如人行天桥或者桥梁，我发现它们对于连接公共交通和户外环境非常有用，您认为对老年人来说更重要的要素是什么？

A：我认为对于长者来说，楼梯是最大的问题，还有在这些步行环境中的坡道、手扶梯等。寻路是另一个重要问题，因为老年人可能患有认知障碍，需要指南、标识、无障碍通道和对使用者友好的环境。社会福利软服务和帮助者应该为有特殊需要的老年人提供帮助。更应该为住在高层的老年人提供坡道或升降梯，而不是徒步爬6层楼。

（8）Q：最后，您能否简要谈谈公众参与？您之前是否参与过公众参与项目或最终使用者的响应调查项目？

A：公众参与，现今通常称为公民参与，是香港最重要的术语。不同类型的利益相关者的公众正在参与公共项目的各个阶段，甚至参与大型的社会住房或与社会相关的设施。自2005年到2007年，作为香港城市大学顾问团队的一部分，我们就以海滨的未来设计征求公众意见。在为政府项目工作时，总是已经有一些隐藏的议程，甚至问卷也需要向政府事先申请。因此存在许多限制和困难。

4.3.6 香港房屋委员会，房屋署，2017年01月17日

P1—欧女士，建筑师，MHKIA

P2—王先生，顾问，MHKIS

P3—唐先生，顾问，MRICS

1. Q&A

（1）Q：第一个问题，能否简要介绍为老年人的建筑设计和城市规划中的注意事项？

P1：这些地方设计很重要，需要在老年人身上投入更多的钱，如果他们变得虚弱并且需要助手和帮助，我们必须找到这些地方。万一遇到危险，游客或保安，最好是管理者办公室很容易发现他们，以便提供帮助。正如唐所说，除非半露天，否则我们的天气不适合户外活动。考虑到像香港这样的情况，如果没有这种通风，对身心健康都不利。

P2：简单，设立保护委员会。我认为大多数香港的大部分设施重点都集中在安全性上，如果我变老了，我并不认为那些医院使用起来有趣。也许我们可以将老年人设施和儿童设施放在一起，以更有趣的方式设计。而且，我认为在香港地区如此不同，我们可能无法一起提供一些特殊区域供正常散步，我觉得可以提供一些舒适的空间区域，这很重要，开发商表示这会浪费他们的大量地块。但是，室外环境对我们来说非常好，阳光有助于吸收维生素D等。

（2）Q：您认为香港老年人户外环境的利弊如何？

P2：没有优势。香港几乎全年气候都不适合户外活动。

P1：我真的很喜欢一些最新的与气候有关的设计，有一个很小但很成功的区域，就像口袋公园一样。它可以改善老年人甚至其他人的状况。对于室内来说，我们当然必须能沐浴阳光，尤其是老年人。

（3）Q：与欧美等西方国家相比，您认为中国香港的独特之处是什么？还有其他高密度国家，例如新加坡和日本？

P1：在西方国家，他们当然有更多的空间，而郊区也有很大的不同。我认为有些人他们最喜欢户外运动，而中国人则喜欢坐下来、喜欢逛商场、看电影等。与西方人不同，这对香港人来说非常方便。他们的社区曾经在各种情况下都有很多小型公园，也变成了邻里的公共空间，足以交换和进行社交互动，周围只有很低的起伏，阳光充足，气氛十分热烈。新加坡和日本也都非常相似的。

（4）Q：房屋委员会和房屋协会在最近几年开发了彩颐居和乐颐居，并且丹拿山项目目前正在建设中。楼上是居民区，楼下是保健中心、俱乐部和养老院，一旦老年人变得孱弱，他们就可以下楼养老。您如何看待这些项目？

P3：因为那些地方非常昂贵，但是前两个实际上是从政府那里得到的项目。我认为，除非有钱，否则普通人不会留在只有老年人、没有孩子的房屋；另外，那里虽然有各种东西，但是与世隔绝，也不太好。好在他们有疗养院，不必等待床位，因此不必担心。与我们居住的普通社区相比，这就像一个社区，他们在大楼内拥有一切。

P2：对我来说，这太贵了，我不会住在这种建筑物里。如今，我们提倡居家养老，对吗？在规划阶段，必须考虑一些因素，包括运输、基础设施。隔离不是一个好主意，但是你需要确保他们能获得所需的帮助。

（5）Q：步行环境，如人行天桥/桥梁，我发现它们对于连接公共交通和室外环境非常有用，您认为对老年人来说更重要的因素是什么？

P3：我认为这是一个长期的问题，香港的山非常多，每年我们都会收到老年人抱怨的斜坡，但是我们不能把所有的丘陵都除掉，所有建筑物都放到平坦的土地上。因此，我认为政策的发展，可能更平坦的地方适合更多的长者，而更多斜坡的地方适合更多的年轻人。

P1：应进一步推广通用设计准则，并注意地板湿滑的问题。

P2：实际上，将步行者与交通隔离，是非常重要的。

（6）Q：最后，您能否简要谈谈公众参与？您之前是否参与过公众参与项目或使用者反馈调查项目？

P1：我更喜欢早期阶段的公众参与，有时我们拜访一些居民，他们有自己的想法，如果在我们的位置上，可能更希望他们的社区是什么样子。我认为这个想法还不错，也许有些长者看到的是一些树木，他们就希望这些健身设施不那么靠近树木，因为树木上的鸟类在某种程度上会影响他们。因此，我们将会有更多的选择。

4.3.7 香港社会福利署，陈博士，2017年02月23日

1. Q&A

（1）Q：您觉得长者的需求是什么？在您的日常工作中，最困难的部分是什么？

A：我主要关注老年人院中的老年人护理，这与住宅中的老年人不同。据我了解，他们需要锻炼和其他活动。但是在养老院中，空间并不是那么大，实际上是非常有限的，因此对于养老院，他们通常利用外部资源，例如公园，或者某些养老院可能有屋顶花园。对于一些私人项目，他们也许有自己的花园，也许还有风景区。

（2）Q：您认为照顾香港长者有什么独特之处？

A：当然，我们没有太多的空间，所以我们通常更多地关注室内环境，如卧室、浴室、卫生间等。稀缺的空间是一个大问题，但这也是设计美的体现。我们需要利用社区中的公共设施。例如，他们可以去公园进行一些社交活动，我认为拥有这种社交联系非常重要。我也认为市场对他们买东西很重要，可达性同样重要。设计必须确保他们前往市场、社区中心、医院和其他地方时不必花费太多时间；最好都在附近，这样就可以到处走走。在实践中，建筑还应改善社会环境并协调统一它们。

（3）Q：这里的建筑和环境设计最重要的因素是什么？

A：嗯，重要的因素，我认为建筑和环境设计尤为重要，而且我认为标识应该更明显，可以使用不同的颜色。如今越来越多的人进入五十多岁或六十多岁，他们仍然非常健康，非常活跃。我认为环境和建筑必须要满足需求，对于老龄化人口，我们必须采取通用设计。将来会有越来越多的老龄化人口，并且会有更多的女性，因此，我认为建筑设计也应该考虑这种情况。就座区域非常有限，例如在市场里，这个年龄段的人们经常需要休息，还需要做一些运动。我们必须教授长者和其他居民如何营养和运动；所有这些都可以在社区中进行。再举一个例子，不需要那么多走廊，您只需为两个轮椅留出足够的宽度，而不是为其他用途腾出很大的空间，这将产生很大的差异。这是建筑师可以做的，不要总是黄色绿色，我们需要更多的黑色和白色。这也是建筑师可以做的。

（4）Q：WTO列举了成功老龄化的五个原则，独立、参与、关爱、自我实现和尊严，这些原则在这里是如何体现的？有什么措施提倡主动衰老吗？

A：在社区，也许应该有更多的社区厨房，这样人们可以一起做饭和分享，可以从社区得到更多的帮助。我认为社区的活动更有自我实现的感觉；当你在医院或养老院时，感受会迥然不同；在社区，人们可以彼此更多地联系，所以我们可以通过一些技术来实现。

（5）Q：这里老年人的日常活动（体育活动/社交活动/居家休闲活动）怎么样？

A：我认为运动很重要，应该有更多的针对老年人的运动。他们需要锻炼肌肉，这会减少身体患病的风险。游泳池很贵，但我认为游泳对大多数人和老年人都很重要。步行是最常见的活动，政府应该设置更多的步道，且它们应该是连续的。当今香港，我认为城市设计更适合年轻人和汽车，它本应该更适合行人和老年人。所以，我们应该把人放在设计的首位。然后应该有更多来自社区的援助。你不需要整栋楼；有时一个小房间就会有很大的帮助。例如，如果有一个或两个房间，人们可以租用和开展活动，这一两个房间就足够整个建筑的人使用。我认为从长远来看，我们会得到更多的好处。一些人散步、一些人骑自行车，骑自行车对健康有好处；我认为，100米就足够让老年人实现运动。我认为我们应该跳出传统的方式。环境会刺激他们运动，否则就会整天感到困倦。因此，我期待有一些设施将有助于他们保持健康，还能降低患痴呆症和抑郁症的风险。我认为这非常重要，政府应该做点什么。建筑师也应该帮助他们塑造生活方式。例如，如果你有更多的社区厨房，即使是一个小厨房，你就可以告诉人们如何吃得更健康、更好地了解营养，并且让人们聚在一起。拥有这些设施比花钱建医院要好。

4.4 结果

结果表明，随机访谈中最常出现的五个关键词分别是："交通"、"可持续"、"社交"、"安全"和"活动"。表4-8显示了来自编码和编码源的数量：

表4-8 NVivo 编码总结

编码	编码中引用的数量	编码源的数量
交通	7	16
可持续	4	19
社交	8	21
安全	5	19
活动	6	11

4.4.1 交通

老年人和专业人士在访谈中都经常提到"交通"。就不同社区而言，荣福中心的比例最高，为5.94%，而南山邨的比例为4.33%，白田邨的比例为4.10%。后两个社区位于九龙区的中心，拥有多种交通方式，例如地铁、公共汽车和小巴。永福中心距离粉岭地铁站很远，只有小巴和几辆公共汽车可以到达。由于老年人身体条件的限制，乘车可能会使他们感到不适，例如头晕。步行路径的表面大多是防滑的、连续的，并且维护得很好。路径形成到目的地的直接路线，例如公园、市场和饭店,并且宽度符合法规。为了避免与车辆交通冲突,设置了建筑物之间的立交桥/桥梁,其中大多数(如果不是全部的话)都配备了自动扶梯,还提供了良好的户外通道环境,并具有防雨和防晒的功能。人行道和标识可以帮助老年人寻找道路,这对于有认知问题的老年人来说是必不可少的,还有为视力不佳的老年人提供触觉和听觉帮助。社区的某些部分是陡峭的斜坡,例如白田村。该地区的许多老年人抱怨山坡,因为他们很难爬坡。然而,市场和餐馆却都建在斜坡上。它适用于一些低龄老年人,因为他们身体健康。但其他一些老年人则说有许多小巴,因此乘坐公共交通工具也可到达,并不是什么大问题。就专业人士而言,香港房屋协会的比例最高,为 1.71%,而香港房屋署的比例为 1.15%,AD + RG 的比例为 0.42%。图 4-13 显示了采访结果的总结:

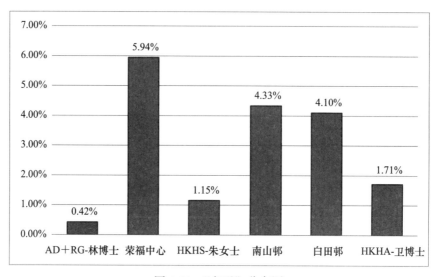

图 4-13 "交通"分布图

4.4.2 可持续发展

专业人士在采访中经常提到"可持续"。房协的比例最高,为 11.91%,而房屋署的比例为 8.65%,AD + RG 的比例为 2.62%。引用卫博士的话:"由于前者 Ⅰ型、Ⅱ型、Ⅲ型的缺点是在单元转换时缺乏灵活性。它们都是小型单元,当老年人停止使用时,唯一的办法就是分配给另一位老年人,不可能有其他用途,例如一个三口之家(父母和孩子),因为它的面积太小,而且使用起来也不方便。因此,关于重新安置的灵活性存在很大的问题。此外,我们认为这不是很好的老化方式"。因此,从 2000 年开始,不再建造长者房屋,而是由通用设计取代。政府采取自然淘汰的方式处理前三种。例如,对于Ⅰ型,如果老年人不再住在那里,则将其转移回家庭单位。对于Ⅱ型,早在 1990 年代后期,它就开始接受单身人士的申请,以鼓励年轻一代与老年人生活在一起。与类型Ⅲ一样,申请标准已降至

58岁。鼓励老年人在地安老并提供社区照料，使老年人不会感到孤独，也不会与社会隔离。图4-14显示了采访结果的总结：

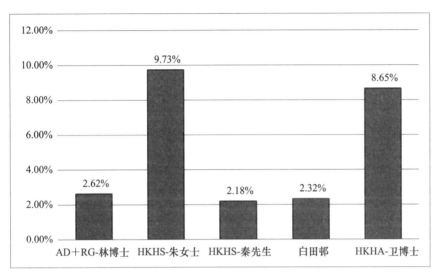

图4-14 "可持续"分布图

4.4.3 社交

老年人和专业人士在访谈中都反复提到"社交"。在长者中，荣福中心的比例最高为12.72%，而南山村的比例最高为9.74%，白田村的比例最高为9.45%；在专业人士中，HKHS的比例最高为7.26%，而香港房屋署的比例为2.17%，AD＋RG的比例为2.15%。图4-15显示了采访结果的总结：

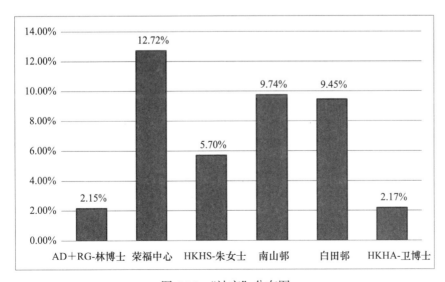

图4-15 "社交"分布图

4.4.4 安全

安全是至关重要的问题。在专业人员方面，香港房屋协会的比例最高为19.96%，而AD+RG的比例为5.35%。对于使用者，安全仍然是一个问题。例如，有顶棚的长椅为老年人提供了一个坐下和交流的好地方，但是，许多老年人抱怨无家可归的人总是住在那里，使他们感到不安全。再例如，长者资源中心和丹拿山项目都着力于解决家庭事故。引用朱小姐的话："首先，在房间中安装了移动传感器。如果长时间没有检测到行动，将会自动打给老年人的亲戚或医疗机构"。消防安全是林博士提出的另一个问题。关于室外，照明、监视、道路交叉口支持和寻路（仅举几例）都是需要考虑的安全问题。图4-16显示了采访结果的总结：

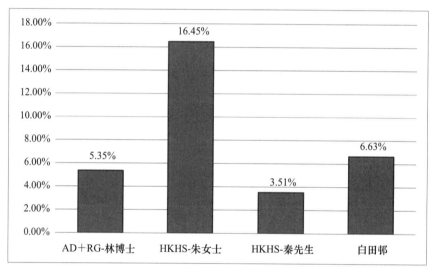

图4-16 "安全"分布图

4.4.5 活动

"活动"也被使用者和专业人士反复提及（图4-17）。在长者当中，南山邨所占比例最高为10.42%，而白田邨占5.23%、永福中心占4.17%；对于那些专业人士，HKHS所占比例最高为1.72%，HKHA占1.67%、AD+RG占0.91%。根据访谈结果，日常生活中最多的活动包括看电视、在公园里坐着以及闲逛；老年人花费时间最多的地方是公园、商场、超市以及餐馆。社区设施的提供在一定程度上是令人满意的。娱乐和锻炼机会在社区中对于多数的长者来说是可以接受的。户外提供必要的设施对长者日常的活动至关重要。至于专业人士，引用卫博士的话："香港的独特之处不仅仅在于长者房屋而是高密度。当然，这也有它本身的优点和缺点。优点就是可以更方便地满足各种各样的需求，会更加容易使他们都集中在一起。缺点也是在于它的高密度环境,那些长者需要更多的空间,但是恐怕是不够的"。林博士也表示香港建筑最重要的是尝试得到更多的活动空间。访谈结果的总结如下:

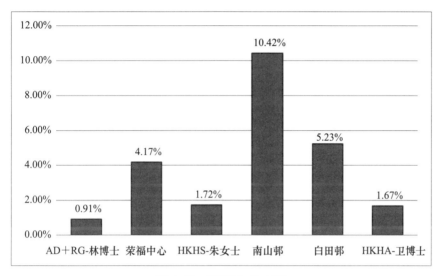

图4-17 "活动"分布图

第5章 第二轮——案例研究

5.1 第二轮——社区案例研究

5.1.1 介绍

根据第一轮的结果,我们得到了老年人和专业人员最关心的问题。对于使用者来说,他们最关心的是环境质量、社交和活动;对于设计人员来说,他们最关心的是安全和可持续。现在,我们继续量化行为和环境。扬·盖尔的《建筑物之间的生活:利用公共空间》谈及了空间使用,特别是户外活动,与自然环境的空间属性之间的关系。柯特·莱文(Kurt Lewin)的环境行为理论也强调环境与人的相互适应,这对于老年人尤为重要,因为老年人经历了从工作到退休的转变,并将在社区里花费大部分时间,社区的设计质量和适老性直接决定了他们的生活质量。我们在不同地区的6个社区和180位老年人进行了调查。采用土地使用混合度、街道连接度和密度等数据量化环境,用老年人在静坐、步行、中度体能运动和重度体能运动上花费的时间量化行为。结果表明环境属性,例如商业和休闲的空间实际上对香港老年人的活动有很大影响。

5.1.2 方法

2014~2016年间笔者的调研数据样本来自中国香港6个地区的老年人居民:宝琳、红磡、青衣、乐富、天水围和数码港。这六个选择是根据它们在港岛、九龙和新界等不同地区之间的均衡分布而定。6个社区的特征如表5-1所示:

所选社区的特征概述　　　　　　　　表5-1

社区	SES状态	坡地/平地	内陆/海边
新都会(宝琳)	高	平地	内陆
黄埔花园(红磡)	低	平地	滨海
长安邨(青衣)	低	平地	滨海
乐富邨(乐富)	低	坡地	内陆
柏慧豪园(天水围)	高	平地	内陆
碧瑶湾(数码港)	高	坡地	滨海

这 6 个研究案例在香港的分布如图 5-1 所示：

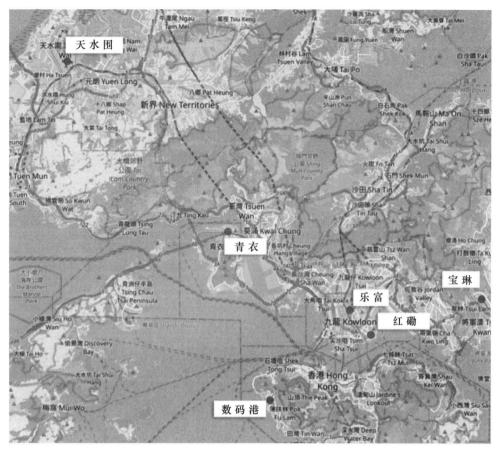

图 5-1　所选社区在香港分布图（笔者自绘）

1. 参与者及过程

在每个案例研究的缓冲区（半径为 800 米）内随机采访参与者。参与者是从身体健全、社会经济地位都良好的香港普通老年人口中随机抽取的。在提供书面知情同意书（见附录 B）后，参与调查的有 180 名 65 岁以上的老年人（回复率约 20%）。我们采用的问卷是中文版的国际体能运动问卷长者版（IPAQ-E），询问老年人在过去的 7 天中静坐、步行、中度体能运动和重度体能运动的时间（见附录 C）。至于样本大小，因为这项研究只侧重于年龄在 65 岁以上的健康长者，在这 6 个区内，这个年龄范围的人口比例是数码港 16.7%、青衣 17%、红磡 18%、宝琳 10.9%、乐富 18.5%、天水围 10.8%，平均比例为 15.32%。由于长者通常是成群的，一个受访者至少代表了 3~4 倍的潜在样本。因此，虽然只获得了 180 个样本，鉴于人口比例和潜在样本，是可以代表总体情况的。样本的社会人口特征如表 5-2：

被访者社会人口特征表（$N = 180$）　　　　　表 5-2

社会人口特征	数据
性别：	
男性	102
女性	78
年龄：	
65～74	102
75～84	63
85＋	15
教育背景：	
无教育	30
初等教育	84
高等教育	66
前职业：	
居家	16
蓝领	117
白领	47
自评健康：	
较差	21
一般	83
较好	76
总数	180

2. GIS[①] 和 SPSS 中的数据分析

为了量化环境，采用了环境审计工具（见附录 D）调查功能、目的地、安全性和美感。总共检查了 72 个项目。在功能部分，根据香港的特点增加了桥梁 / 立交桥、遮蔽物（有顶棚人行道、抬高首层地面、架空楼层、凉亭）等项目，目的地部分增加了中式咖啡 / 茶、赛马会分行、小巴站、MTR 地铁等项目。

---

① 地理信息系统（Geographic Information System，GIS）有时又称为"地学信息系统"。它是一种特定的十分重要的空间信息系统。它是在计算机硬、软件系统支持下，对整个或部分地球表层（包括大气层）空间中的有关地理分布数据进行采集、储存、管理、运算、分析、显示和描述的技术系统。

在 GIS 中计算点、线和面,并利用以下公式对结果进行分析:

$$土地使用混合度 = -A/(\ln(N));$$

$A = (b1/A) \times \ln(b1/A) + (b2/A) \times \ln(b2/A) + (b3/A) \times \ln(b3/A) + (b4/A) \times \ln(b4/A) + (b5/A) \times \ln(b5/A) + (b6/A) \times \ln(b6/A)$;A = 缓冲区内所有 6 种土地混合度的土地总面积;b1 到 b6 对应不同类型土地使用面积:b1 = 住宅用地;b2 = 商业用地;b3 = 办公室用地;b4 = 娱乐用地;b5 = 教育用地;b6 = 医院用地;N = 包括面积及总楼面面积在内的土地混合度数目 >0。

本书采用 3 种(b1、b2、b3)和 6 种(b1、b2、b3、b4、b5、b6)土地使用混合度(LUM3、LUM6;在某些情况下,可能只有 LUM2 和 LUM5)。

分数越高,土地混合度越高。街道连接度由缓冲区中街道交叉口的数量定义。人口密度数据取自香港特别行政区政府统计处。密度通过每平方公里人数(人/平方公里)来度量。

将审计工具和 GIS 的结果与问卷的结果一起输入 SPSS 进行进一步的分析。因变量为静坐时间、步行时间、中度活动时间和重度活动时间,而自变量是社会人口学特征和环境属性。

5.2 背景

1999 年 3 月,规划署委托进行第二阶段大都会规划研究及九龙密度研究。原大都会计划是在 1987~1990 年期间拟订的,1991 年经执行理事会认同。规划大纲为都会区提供一个至 2011 年的涵盖港岛、九龙及荃湾/葵青的土地混合度、运输及环境规划大纲。到 1990 年代中期,显然有必要根据最近的趋势、发展和演变中的政策来审查及建议。1998 年,规划署完成了《都会计划第一阶段回顾研究》。此研究提供了基线审查,并就解决已确定的土地使用、运输和环境问题提出了广泛建议。

根据规划准则,提供开放空间的标准如表 5-3 所示:

开放空间的提供标准　　　　表 5-3

区域开放空间	无标准
地区开放空间	10 公顷每 10 万人(即 1 平方米/人)
当地开放空间	10 公顷每 10 万人(即 1 平方米/人) 5 公顷每 10 万名工人(即 0.5 平方米/名工人)

《建议战略》中与住宅用途有关的土地使用分配要素,其中说明了政府和其他

机构，包括私营机构需要采取协调一致行动的领域。住宅使用区域可分为：

（1）预期变化有限的现有区域

（2）新开发区域

（3）重新开发/重建的区域

1999年，城市规划委员会通过了"维多利亚港远景目标建议"。愿景声明是"使维多利亚港具有吸引力、活力、无障碍和象征香港——一个人民港和生命港"。

本书报告于1999年12月在《大都会计划回顾》的整体范围内委托进行，以提出实现《愿景》的方法。研究要求：制订海港及海滨计划，以指导在2016年及以后使用海滨地区和海港，以及建议的实施架构；编制旅游计划，为研究区推荐主要的旅游发展部分和机会；并为选定的区域制定行动区域计划，说明所需的行动的优先次序、规模和类型。

基于上述原则的海港规划框架如图5-1所示。它为《海港和滨水计划》提供了战略背景，并包含以下要素：

该地区包括海港两岸现有的和目前建议的主要海滨旅游景点。它位于九龙一侧，从规划中的西九龙综合艺术、文化及娱乐区，到东边的红磡海港广场酒店以及香港一侧，从西边的离岛渡轮码头到东边的油街（图5-2～图5-5）。此外，该区的拟议政策是建立集旅游景点和设施于一体的集散地。在分配海滨场地时，旅游和娱乐应优先。

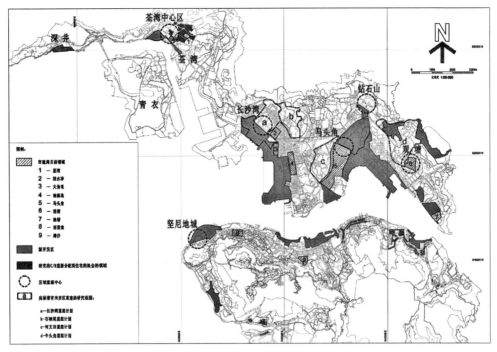

图5-2 房屋及城市更新计划

（来源：推荐的海港和滨水区计划）

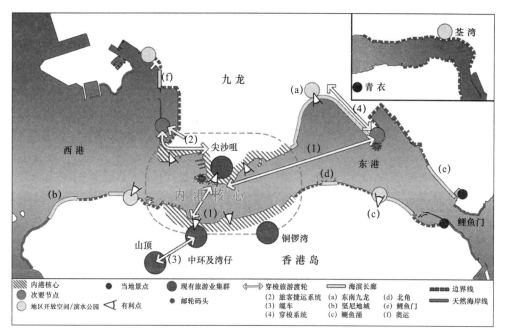

图 5-3 滨海规划框架
（来源：推荐的海港和滨水区计划）

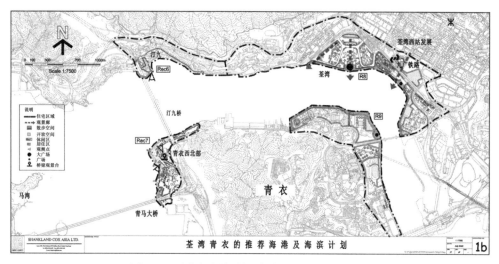

图 5-4 城市规划与景观框架：香港岛和九龙
（来源：推荐的海港和滨水区计划）

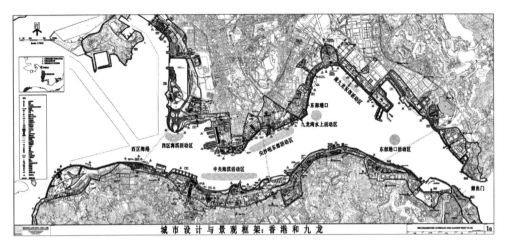

图 5-5 建议海港和滨水计划:荃湾和青衣

(来源:推荐的海港和滨水区计划)

第6章 案例研究——宝琳新都城

新都城是香港新界将军澳最大的私人住宅小区及购物中心,由恒基兆业地产开发(图6-1)。该社区建在宝琳的填海土地上,分3期开发。地铁宝琳站是将军澳线的终点站,第3期包含宝琳公共交通站。

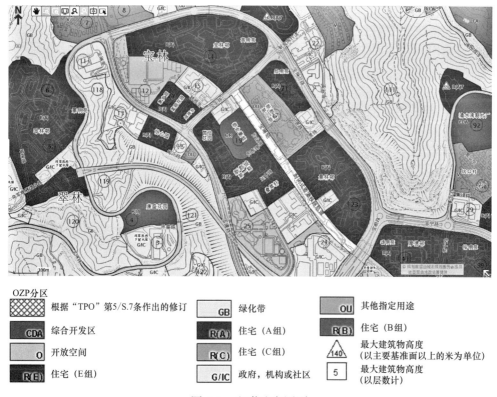

图6-1 宝琳法定图则

(来源:香港法定图则的汇总及查询系统)

1. 住宅

该社区按其开发顺序分为三个阶段,共提供6768个单元。第1期由1996年完成的6座组成。第2期由2000年完工的11座组成。第3期,也称为都会豪庭,由4座组成,于2002年完成(图6-2、图6-3)。

2. 购物中心

新都城的每个阶段都有自己的购物中心。该购物中心是将军澳最大的购物中心,占地面积150万平方米(表6-1)。它有一个百货公司、两个杂货店、一个水产市场和400多家商店。将军澳有两家电影院；其中一个位于新都城。人行天桥连接着三个购物中心。周围的住宅区，如尖峰、宝琳邨，和欣明苑也有直接行人通过的人行天桥进入新都城。

图6-2　宝琳照片（笔者于2015年10月所摄）

图 6-3　宝琳 GIS 过程（笔者自绘）

新都会物业信息（来源：http：//www.metrocityplaza.com/tc/index.shtml）　表 6-1

位置	将军澳
年份	1996（1期） 2000（2期） 2002（3期）
开发者	恒基兆业地产
管理部门	阶段Ⅰ：阳光房地产基金 阶段Ⅱ/Ⅲ：恒基兆业地产
商店和服务的数量	400
零售总建筑面积	1500000 平方英尺（140000 平方米）

宝琳的土地混合度为 0.142（LUM3）及 0.228（LUM6）；街道连接度为 99.48；商业密度 0.329，居住密度 15.553（图 6-4、图 6-5、表 6-2）。从长者每周平均运动量来看，静坐时间为 1995 分钟；步行时间为 617.17 分钟；中度体能运动为 408.5 分钟；重度体能运动为 10 分钟。

在 6 个研究案例中，宝琳的中强度体能运动时间最高。可能与宝琳的大型运动场地有关（图 6-6）。提供各种健身器材、慢跑径、儿童游乐场地等，给附近市民享用。在其他五个案例中，如此大型的运动场并不多见；且结合公园景观，二者融为一体，相辅相成。

图 6-4　宝琳 GIS 节点

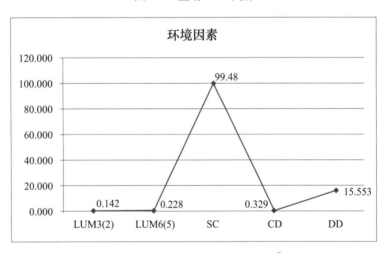

图 6-5　宝琳 GIS 分析结果汇总 [①]

宝琳 GIS 数据汇总　　　　　　　　　　表 6-2

街道连接度（SC）	99.48
节点	1726
商业密度（CD）	0.328527
住房密度（DD）	15.55336
居民密度（RD）	0.375855（人/平方米）
收入	39163（港元/户/月）

[①] 本书采用 3 种（b1、b2、b3）和 6 种（b1、b2、b3、b4、b5、b6）土地使用混合度（Land Use Mix，简称 LUM）；即 LUM3、LUM6；在某些情况下，可能只有 LUM2 和 LUM5；街道连接度（Street Connectivity，简称 SC）；商业密度（Commercial Density，简称 CD）；居住密度（Dwelling Density，简称 DD）。

续表

土地混合度 3（2）	0.142195		
土地混合度 6（5）	0.228061		
居住	12215583（平方米）	娱乐	159926.5（平方米）
商业	258024.5（平方米）	教育	660731.2（平方米）
办公	127491.9（平方米）	医疗	2489.691（平方米）

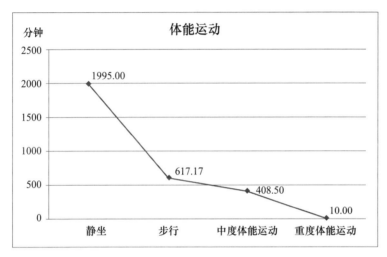

图 6-6　宝琳运动问卷结果汇总

第 7 章 案例研究——红磡黄埔花园

黄埔花园是位于九龙红塘的大型私人屋苑，由长江地产控股有限公司（前和记黄埔有限公司）开发。1985~1991 年，它建在前黄埔船坞的旧址上。作为香港十大蓝筹私人地产之一，以及和记黄埔有限公司在西九龙区的旗舰项目之一，该屋的城市设计融合了花园城的概念（图 7-1、图 7-2）。

黄埔码头厂始于 19 世纪，第二次世界大战期间被盟军轰炸。从 1976 年开始，黄埔船坞开始分阶段关闭。封闭的部分建到黄埔花园（图 7-3）。1984 年 12 月 14 日，船坞签订土地交换协议，1985 年正式关闭。前船坞场地为黄埔花园，第 1 期单位以每平方英尺 700 港元售出。

该社区占地 19 公顷，由 12 个建筑群组成。10 组住宅／商业综合用途，共有 88 座 16 层住宅高层楼。另外两个单独商业用楼。它包括几个商场、两个超市、一个电影院、几十家餐馆、五所小学、商店、娱乐设施（主要是体育）和公共交通交汇处。

图 7-1 红磡法定图则
（来源：香港法定图则的汇总及查询系统）

88 座住宅楼共有 10431 个单元，面积 351～1110 平方英尺（32.6～103.1 平方米）不等。该社区的人口估计超过 40000 人。

著名的商业网点包括第一家百佳香港超级卖场，该店于 1996 年在黄埔花园第 12 期开业，建筑面积为 4200 平方米；截至 2011 年，香港有超过 50 家超级卖场。此外，黄埔号是一座 110 米长的船形购物中心建筑，建在黄埔花园第 6 期原 1 号码头内。在 1980 年代和 1990 年代，该建筑在顶部和"甲板"层设有游乐场、海鲜餐厅，地面以上其他楼层设有电影院；位于地面和地下室的是耀汉百货公司，以及一个室内家庭主题公园，地下层有街机游戏中心和溜冰场。在 1990 年代末，该百货公司被 JUSCO 百货公司收购。JUSCO 百货公司于 2013 年更名为永旺，与日本母公司采用的名称一致。

图 7-2　红磡照片（笔者自拍）

图 7-3 黄埔花园构成
（来源：笔者自绘）

除了典型的广东籍人口外，黄埔及其周边地区也有大量的日本移民和外国人口。根据 2011 年香港人口普查和驻香港总领事馆的数据，该区只占香港土地面积的 0.02%（1.5 平方公里），但占日本人在港人口的 12.7%。一楼是购物中心和花园，2~16 楼为公寓。最小的单元是 351 平方英尺（第 2 期），最大的是 1110 平方英尺（第 7 期的 15 个单元）。此外，由于黄埔花园靠近启德机场，有高度限制，所有电梯客房都位于 16 楼，所以居民只能乘坐电梯到 15 楼，再走一段楼梯才能到达顶楼。

黄埔花园占地很大，从红磡邨附近的内侧一直到维多利亚港附近的海滨部分；价格差别很大。第 7 期、第 9 期和第 10 期在海附近，价格较高，第 1 期、第 2 期和第 11 期离海较远，价格较低。所有的大单元都聚集在海边（表 7-1）。

黄埔花园物业信息　　　　表 7-1

期数	中文名称	建筑座数	入伙年份	单元数目	设施	平均单元大小 / 备注
1	金柏苑	5	1986 年 1 月	600	儿童游乐场、商店、月租停车场	所有单元面积划一为 859 尺
2	锦桃苑	18	1986 年 12 月	2160	花园、儿童游乐场、邮政局、室外羽毛球场、幼稚园、商场、时租及月租停车场	各单元面积大约 351~558 尺之间，是全黄埔花园平均单元面积最小的；设有 3 座行人天桥，分别连接第 1、4 和 11 期平台，地下及地库设港铁黄埔站 C1 及 C2 出入口

续表

期数	中文名称	建筑座数	入伙年份	单元数目	设施	平均单元大小/备注
3	翠杨苑	8	1987年4月	960	儿童游乐场、花园、篮球场、室外羽毛球场、食肆、商场、幼稚园、私家停车场	各单元面积大约776~973尺之间;设有2座行人天桥,分别连接第1和第4期平台
4	棕榈苑	6	1987年11月	720	儿童游乐场、篮球场、室外羽毛球场、食肆、月租停车场	各单元面积大约743~941尺之间;设有3座行人天桥,分别连接第2、3期平台和第9期对出的船景街
5	青桦苑	9	1988年6月	1080	儿童游乐场、花园、百货公司、时租及月租停车场	各单元面积大约577~788尺之间;设有1座行人天桥连接第9期平台,地下及地库设港铁黄埔站D1及D2出入口
6	黄埔号	1	1989年9月	0	百货公司、时租及月租停车场	为一船形建筑物;地库2楼设有行人隧道通往第9期
7	红棉苑	5	1989年1月	465	儿童游乐场、室外篮球场、幼稚园、私家停车场	各单元面积大约771~1110尺之间,是全黄埔花园平均单元面积最大的;第2、3、5座并非钻石井型大厦,而是采用一层5伙设计的类似T字型大厦,香港理工大学的部分学生宿舍在此
8	美食坊	1	1989年8月	0	食肆、黄埔花园管理处办事处、保龄球场、博艺会、嘉禾院线、时租停车场、巴士、小巴总站	设有2座行人天桥分别连接第11期平台和德定街;公共交通交汇处于1990年11月才启用,是黄埔花园最后入伙的设施
9	百合苑	10	1989年8月	1216	儿童游乐场、花园、室外羽毛球场、小型滚轴溜冰场、幼稚园、商店、食肆、月租停车场	各单元面积大约688~1002尺之间,大小参差不一;第1及5座住宅由一楼开始,故每座有128个单元。设有行人隧道通往第6期地库;二楼设有行人天桥连接第5期平台
10	绿榕苑	5	1989年1月	600	儿童游乐场、篮球场、时租及月租停车场、幼稚园	各单元面积大约782~1033尺之间;平台花园和停车场与第12期互相连接
11	紫荆苑	13	1990年1月	1552	儿童游乐场、花园、室外羽毛球场、时租及月租停车场	各单元面积大约551~750尺之间;第9座住宅是由三楼开始,即较其余12座少了一层,因此第9座的单元数目只有112个;设有4座行人天桥分别连接第2期平台、12期平台、第8期1楼和红磡道近民泰街的巴士站
12	银竹苑	9	1990年10月(商场)1991年1月(住宅)	1078	儿童游乐场、羽毛球场、花园、时租及月租停车场	各单元面积大约682~898尺之间本期平台和停车场与第10期互相连接;第2座地下设有一条楼梯通往戴亚街、和黄公园及海逸豪园,由于该楼梯占用了第2座2~3楼的其中两个单元,故第2座只有116个单元

红磡的土地混合度为0.213(LUM3)及0.229(LUM6);街道连接度为107.04;商业密度0.247,居住密度0.248。从长者每周平均运动量来看,静坐时间为1540

分钟;步行时间为 575 分钟;中度体能运动为 227 分钟;重度体能运动为 31.5 分钟(图 7-4～图 7-7)。

在六个研究案例中,红磡的步行时间最低。红磡设有大量的座椅设施,且带顶棚,可遮风挡雨,甚至还带有景观绿植(图 7-2)。故许多长者独坐欣赏风景,或聚集在一起拉小提琴、唱歌等,文娱活动异常丰富。加上红磡商店、菜场、超级市场众多,居民可以很方便地解决日常需求(表 7-2)。

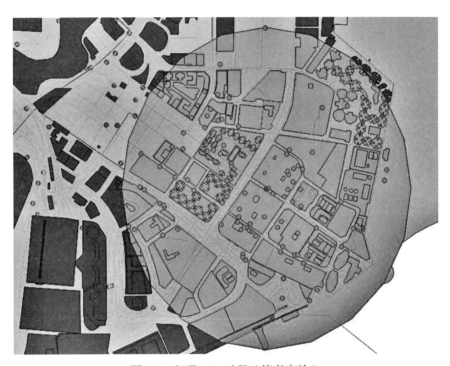

图 7-4 红磡 GIS 过程(笔者自绘)

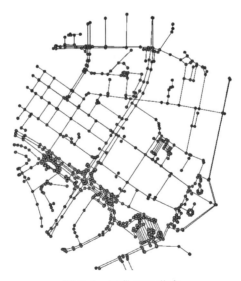

图 7-5 红磡 GIS 节点

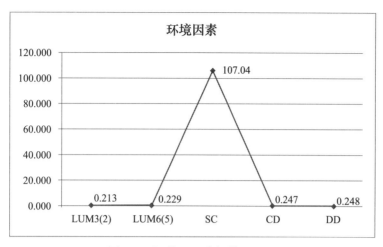

图 7-6　红磡 GIS 分析结果汇总

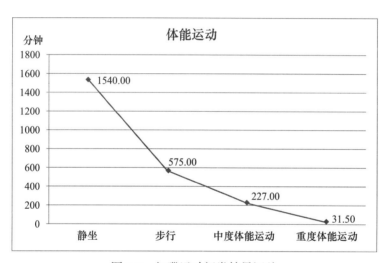

图 7-7　红磡运动问卷结果汇总

红磡 GIS 数据汇总　　　　　　　　　表 7-2

项目		数值	
街道连接度（SC）		107.0378	
节点		1046	
商业密度（CD）		0.247345	
住房密度（DD）		0.248	
居民密度（RD）		0.151336（人/平方米）	
收入		40126（港币/户/月）	
土地混合度 3（2）		0.212767	
土地混合度 6（5）		0.228696	
居住	7367247（平方米）	娱乐	102957.5（平方米）
商业	194264.4（平方米）	教育	197322.3（平方米）
办公	194778.6（平方米）	医疗	1389.85（平方米）

第 8 章 案例研究——青衣长安邨

长安邨是一家位于香港青衣岛北部新区的公屋区，位于青衣地铁站附近（图 8-1、图 8-2）。共有 10 个街区，分两期开发，是青衣第二大公屋。它建于 1980 年代中期，入驻年份为 1987 年。香港房屋管理局管理，并于 1998 年 1 月，根据租户购买计划（第 1 期），单元出售给承租人，业主公司成立。现管理公司为孔树联物业管理（控股）有限公司（表 8-1）。

长安邨原来有 15 座，由于管理层的原因，1988 年 11 座～15 座更名为长发邨，入驻年份为 1989 年。2012 年 3 月 27 日，安岗大厦一套三房单元售出 285 万港元，打破了公屋价格纪录（表 8-2）。

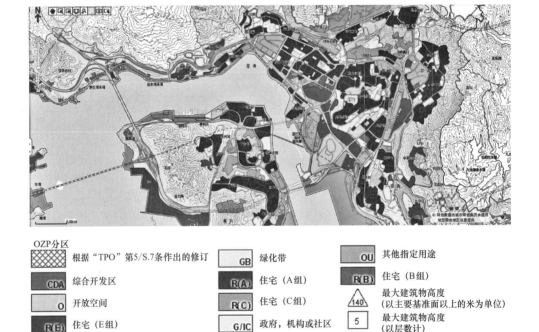

图 8-1 青衣法定图则

（来源：香港法定图则的汇总及查询系统）

图 8-2　青衣照片（笔者于 2015 年 10 月所摄）

长安邨物业信息　　　　　　　　　　　　　　　　　表 8-1

屋邨类别	租者置其屋计划[①]
入驻年份	1988
楼宇类型	相连长型第一款、新长型、Y3 型
楼宇座数	10
楼宇名称	安清楼 安海楼 安江楼 安湄楼 安泊楼 安涛楼 安湖楼 安洋楼 安潮楼 安澜楼

---

① 1997 年开始实施"租者置其屋计划"，资助公屋的租户以较低的价格购买其承租的住房。此外，还实施了"首次置业贷款计划"、"夹心层"计划、"长者租金津贴"计划等多种住房供给模式。

续表

租住单位数目	900 截至 2020 年 12 月 31 日的情况
单位面积（平方米）	单位建筑面积（平方米）：15.1～74.5； 单位实用面积（平方米）：11.7～53.1
居民数目	900 截至 2020 年 12 月 31 日的情况
认可人口	2000 截至 2020 年 12 月 31 日的情况
屋邨管理咨询委员会	不适用（已成立业主立案法团）
分区租约事务管理办事处／屋邨办事处	房屋署长发邨及长安邨租约事务管理处 长发邨俊发楼地下 105～109 室
物业管理	由业主立案法团委派
停车场管理	由私营机构拥有及营运
更多信息	只包括租住的公屋单位、居民及认可人口数目

租户购买计划 1 期待售物业　　　　　　表 8-2

房产	地区	楼房数量	可售单位数目	楼房类型	入伙年份（年）
华贵邨	香港仔	5	3215	Y4	1990～1991
凰德邨	黄大仙	7	5310	Y3，Y4，新长型	1991～1992
恒安邨	马鞍山	7	5905	Y3，新长型	1987
长安邨	青衣	10	7338	Y3，新长型，相连长型第一款	1988～1989
运头塘邨	大埔	3	2647	Y3	1991～1992
建生邨	屯门	4	2652	Y4	1989

以下是青衣公屋的概况，包括居者有其屋计划①、私人机构参与计划、单位出售计划和租户购买计划。1970 年代初，青衣岛居民主要是村民和渔民。后来，政府决定将荃湾新城向西延伸至该岛。计划将该岛东北部开发为住宅用地，并在填海造地上开发一些房地产。香港房屋委员会受命兴建公屋，作为这项计划的一部分，长安邨是新城开发的第 1 期。

在这个发展项目里所有的社区都以长 X 邨命名，而大部分的单位都是用来出租的。青衣邨是根据已经被拆迁的青衣墟命名的。青逸轩起初是指定为"居者有其屋计划"所用的，但是由于 SARS 的影响，最后为出租使用。长发邨在青衣北填海而成的土地上，包含 4 个塔楼。除了敬发楼，所有的建筑都能享受在荃湾海岸外的海景。

在 2005 年 5 月，在租者置其屋计划的最后阶段，政府宣布了 23000 公顷

---

① 居者有其屋计划（简称居屋计划；Home Ownership Scheme）由前香港总督麦理浩爵士于 1970 年代所推行，原意是为一些收入不足以购买私人楼宇，又不合资格（或不愿意）入住公屋的市民提供另一种选择。此计划内兴建的屋苑称为居者有其屋屋苑，通称居屋。

（57000英亩）单位的出售。长发邨是这次官方的私有化的一部分，按计划所有的单位都会在2006年年底出售（表8-3）。

长发邨构成　　　　　　　　　　　　　　　　　　　　表8-3

名称	类型	完成时间（年）
亮发楼	新长型	1989
贤发楼	新长型	1989
俊发楼	新长型	1989
敬发楼	Y3	1989

长发邨购物中心，一个位于长发邨较低处的购物中心，迎合长发邨及周围区域的家庭需要，同时被认为房屋管理处最重要的商场。在2005年从官方分拆出来并在香港股票市场上市后，现在由The Link REIT（领展）管理。

这里有各种各样的设施、商店和餐厅，迎合了长发邨以及附近区域居民，可满足长安邨和清宏苑的家庭需要。例如，在四层体育中心，有羽毛球、壁球、篮球的设施，还有健身房。在最顶层有一间以火锅自助餐闻名的粤菜餐厅。麦当劳和其他餐厅在这里也可以找到。还有两个超市，一个在一层，一个在三层。长发市场就坐落在购物中心隔壁。

长安邨在青衣岛八区，建在青衣北填海而成的土地上。长安邨由10座高层组成（表8-4）。从1998年1月开始，在7338个长安邨的单位里，5617个已经在租者置其屋计划下卖给了居民。长安邨是第一批在上述计划下出售的屋邨其中之一。剩下的1721个单元保留做公屋，有1600户家庭住在里面。根据2001年的人口普查，这里的总人口有28278人。长安邨的10座高层有三种建筑类型：相连长型第一款，新长型及Y3，他们是：

长安邨构成　　　　　　　　　　　　　　　　　　　　表8-4

名称	类型	完成时间（年）
安潮楼	Y3	1989
安泊楼	Y3	1989
安海楼	Y3	1988
安洋楼	Y3	1988
安湄楼	Y3	1988
安润楼	相连长型第一款	1988
安清楼	相连长型第一款	1988
安湖楼	新长型	1988
安涛楼	新长型	1987
安江楼	Y3	1987

青衣的土地混合度为 0.042（LUM3）及 0.121（LUM6）；街道连接度为 118.86；商业密度 0.137，居住密度 17.435（表 8-5）。从长者每周平均运动量来看，静坐时间为 1638 分钟；步行时间为 843.17 分钟；中度体能运动为 399 分钟；重度体能运动为 101.83 分钟。

青衣 GIS 数据汇总　　　　　　　　　　　　　　　　　　　　表 8-5

街道连接度（SC）		118.861	
节点		1341	
商业密度（CD）		0.136674	
住房密度（DD）		17.43516	
居民密度（RD）		0.244254（人/平方米）	
收入		34262（港币/户/月）	
土地混合度 3（2）		0.04226	
土地混合度 6（5）		0.121267	
居住	13693542（平方米）	娱乐	141392.9（平方米）
商业	107343.9（平方米）	教育	271561.3（平方米）
办公	1214.452（平方米）	医疗	0（平方米）

青衣紧邻滨海长廊，风景宜人（图 8-2），得益于《大都会计划回顾》制订的海港及海滨计划，以指导在 2016 年及以后利用海滨地区和海港。在案例选择及环境审计工具中，"滨海/内陆"是重要的景观分类。景观越好，美感越强，越能促进人们的体能运动（图 8-3～图 8-6）。

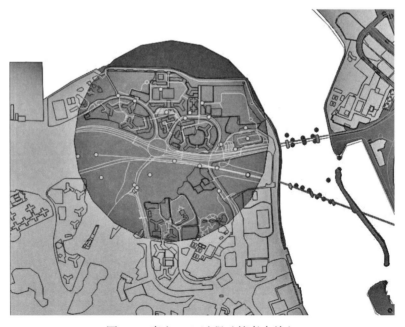

图 8-3　青衣 GIS 过程（笔者自绘）

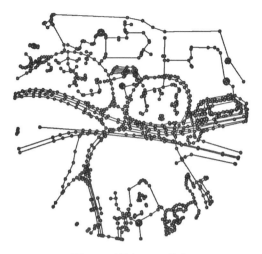

图 8-4　青衣 GIS 节点

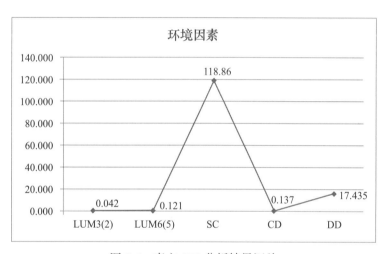

图 8-5　青衣 GIS 分析结果汇总

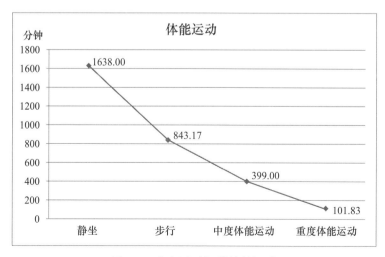

图 8-6　青衣运动问卷结果汇总

第 9 章 案例研究——乐富的乐富邨

乐富邨是香港九龙黄大仙乐富的一个公屋区，位于乐富火车站附近。它是九龙中心四个屋苑之一。康强苑是一个居者有其屋计划屋宇，位于乐富邨乐东大厦附近。它有一个建于 1999 年的街区。宏康楼、宏乐楼、宏顺楼、宏达楼、宏逸楼和乐富中心 1 期以上的宏旭楼，是由中华南苑建筑有限公司于 1977 年设计，综合了地铁站、公屋、巴士站、图书馆、熟食中心、市场、商场、原公屋中心及中式花园，占地 32450 平方米，单位面积约 26～52 平方米，提供 1523 套出租单元、450 个车位及 12871 平方米的商业面积。由于启德机场的高度限制，所有建筑物均为 6～15 层，于 1984～1985 年分 3 期建造（图 9-1、图 9-2、表 9-1）。

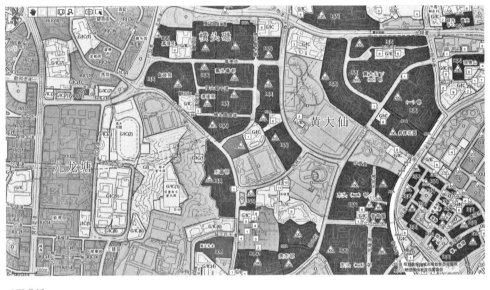

图 9-1 乐富法定图则

（来源：香港法定图则的汇总及查询系统）

乐富中心是由洛克设计建筑师有限公司设计的，从1988开始投入使用，于1991获得香港建筑师协会颁发的荣誉奖和1994年度亚洲建筑师学会金奖。中心面积10000平方米，由超市、电影院和商店组成。该设计将整个乐府区与横头磡邨连接起来，中间有顶棚小道，并连接地铁站、巴士站及公园的出入口，为住宅购物及到达其他区域提供方便。

图9-2 乐富照片（笔者于2015年10月所摄）

乐富邨物业信息　　　　　　　　　　　　　　　　　　　　　表 9-1

屋邨类别	租住屋邨
入驻年份	1984
楼宇类型	和谐一型、相连长型第三款、新长型
楼宇座数	11
楼宇名称	乐泰楼　乐谦楼　乐民楼　乐翠楼　乐东楼　宏康楼　宏乐楼　宏顺楼　宏达楼　宏旭楼　宏逸楼
租住单位数目	3700 截至 2020 年 12 月 31 日
单位面积（平方米）	12.2～57.7
居民数目	3600 截至 2020 年 12 月 31 日
认可人口	9700 截至 2020 年 12 月 31 日
屋邨管理咨询委员会	已成立
分区租约事务管理办事处/屋邨办事处	乐富邨办事处 九龙横头磡南道 3 号房屋委员会客务中心一楼
物业管理	乐富邨办事处 九龙横头磡南道 3 号房屋委员会客务中心一楼平台
停车场管理	由私营机构拥有及营运

1. 历史

乐富邨原为乐富重置区，1957 年共建成 23 个街区。1～12 座为类型 Ⅰ，13～23 座为类型 Ⅱ；类型如下表所示。旧址的一个圣祠被移到观塘的一个新位置，现在位于翠屏社区内。1973 年，该地区改名为乐富邨。20 世纪 80 年代开始恢复重建，21 座是最后一座，重建为洪强苑。1991 年，附近的横头磡邨的 6 座被分配给乐富邨（表 9-2、表 9-3）。

乐富邨构成　　　　　　　　　　　　　　　　　　　　　　表 9-2

名字	类型	完成时间（年）
宏康楼	新长型	1984
宏乐楼		
宏顺楼		
宏达楼		
宏逸楼		
宏旭楼		1985
乐东楼	相连长型第三款	1989
乐泰楼	和谐一型	1996
乐谦楼		1995
乐翠楼		
乐民楼		
康强苑	和谐型	1999

乐富的土地混合度为 0.057（LUM3）及 0.510（LUM6）；街道连接度为 71.91；商业密度 0.016，居住密度 2.270。从长者每周平均运动量来看，静坐时间为 1841 分钟；步行时间为 1173.67 分钟；中度体能运动为 289.33 分钟；重度体能运动为 132 分钟（图 9-3～图 9-6）。

在 6 个研究案例中，乐富的步行时间最高。乐富地处坡地，高差较大，居民被迫花更多的时间步行。但这对长者十分不友好，许多长者表示长期爬坡导致膝盖疼痛。解决方案为四通八达的小巴系统。虽稍有缓解，但仍治标不治本。最好尽量选择地势平缓的地区。

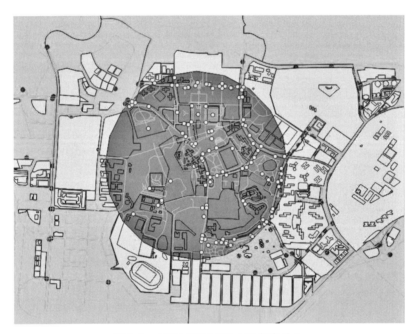

图 9-3　乐富 GIS 过程（笔者自绘）

图 9-4　乐富 GIS 节点

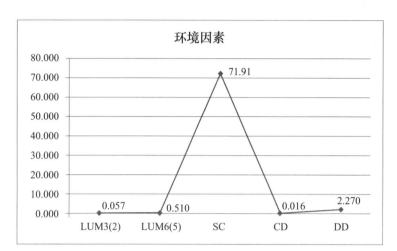

图 9-5　乐富 GIS 分析结果汇总

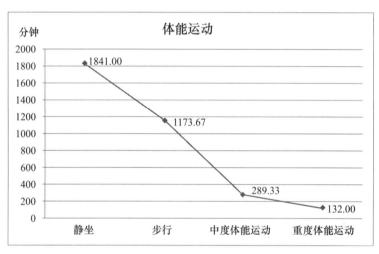

图 9-6　乐富运动问卷汇总

乐富 GIS 数据汇总　　　　　　　　表 9-3

街道连接度（SC）	71.913		
节点	1885		
商业密度（CD）	0.016483		
住房密度（DD）	2.26951		
居民密度（RD）	0.225962（人/平方米）		
收入	32516（港币/户/月）		
土地混合度 3（2）	0.057318		
土地混合度 6（5）	0.510351		
居住	1782469（平方米）	娱乐	448441.3（平方米）
商业	12945.4（平方米）	教育	198984.9（平方米）
办公	5380.14（平方米）	医疗	92077（平方米）

第 10 章 案例研究——天水围柏慧豪园

元朗旧墟早在 18 世纪就是该区乡村活动的焦点,当时是一个位于今日元朗镇东北边缘的集镇。由于人口的增长和交通的改善,元朗镇城市扩大,构成了元朗的老城区。自 1972 年以来,元朗镇被纳入政府实施大型住宅计划所必需的城镇扩建计划。新城区的第一个开发计划是在 1974 年制定的。政府于 1978 年指定元朗为新城镇,以反映其作为次区域中心的作用。

天水围以前是内后海湾湿地系统的一部分,后来当地村民为了养鱼和养鸭开垦了这个地区。为促进独立的城市发展,政府与一间私人开发商于 1982 年达成协议,开发天水围用作住宅。屏山和厦村早在 12 世纪就是邓姓宗族的所在地,早期的聚落以洪水桥地区为市场中心,锦田谷由锦田、八乡和石岗组成,是一块由农田、鱼塘和村庄组成的农村特色低平土地。南生围、米埔和新田的一部分属于新界西北部具有生态保护意义的地区,1900 年以前主要为沼泽和湿地。然后,沿着后海湾南部海

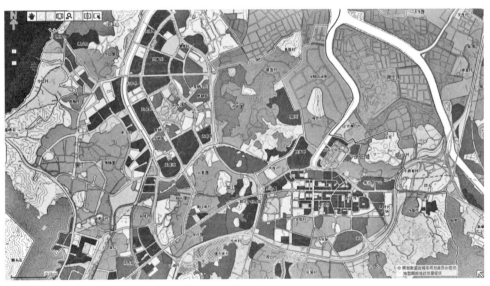

图 10-1 天水围法定图则
(来源:香港法定图则的汇总及查询系统)

岸开垦土地，将其转化为咸水稻田、浅虾池和淡水池进行鱼类养殖。到 1985 年该地区的主要用途是养鱼。之后，大量鱼塘被填满，用于城市 / 半城市的发展形势以及开放储存，包括部分锦绣花园、加州花园和加州豪园（图 10-1、图 10-2、表 10-1）。

图 10-2　天水围照片（笔者于 2015 年 10 月所摄）

天水围的土地混合度为 0.084（LUM3）及 0.172（LUM6）；街道连接度为 92.32；商业密度 0.344，居住密度 23.634。从长者每周平均运动量来看，静坐时间为 1435 分钟；步行时间为 733.83 分钟；中度体能运动为 192 分钟；重度体能运动为 0（图 10-3～图 10-6）。

在 6 个研究案例中，天水围的中强度体能运动时间最低。天水围公园提供了大量的漫步道、自行车道（图 10-2），许多居民在此散步、骑行，但中强度体能运动的设施相对较少。

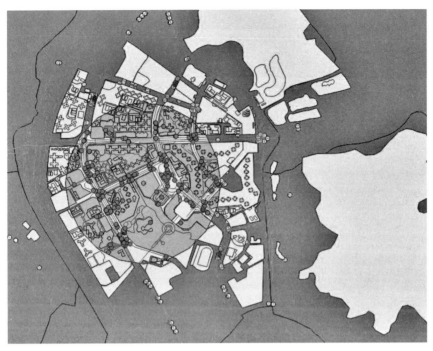

图 10-3　天水围 GIS 过程（笔者自绘）

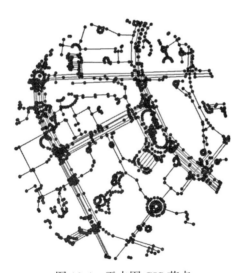

图 10-4　天水围 GIS 节点

天水围 GIS 数据汇总	表 10-1
街道连接度（SC）	92.3207
节点	2149
商业密度（CD）	0.34428
住房密度（DD）	23.63408
居民密度（RD）	0.366753（人/平方米）

续表

收入		28061(港元/户/月)	
土地混合度3(2)		0.084448	
土地混合度6(5)		0.171963	
居住	18562162(平方米)	娱乐	175244.6(平方米)
商业	270396.6(平方米)	教育	691523.1(平方米)
办公	48183.69(平方米)	医疗	51043.69(平方米)

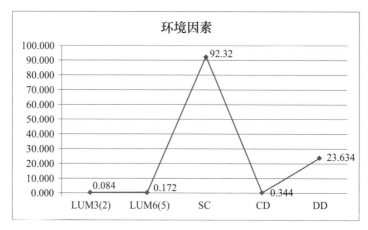

图 10-5　天水围 GIS 分析结果汇总

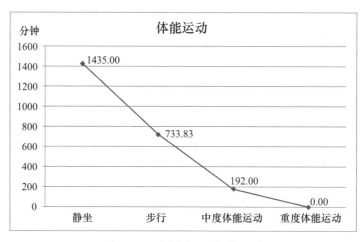

图 10-6　天水围运动问卷汇总

第11章 案例研究——数码港碧瑶湾

碧瑶湾是一个大型豪华私人住宅，位于香港南区薄扶林。由维多利亚路划分为上碧瑶别墅（维多利亚路555号）和下碧瑶别墅（维多利亚路550号）。开发商把这个社区贴上"环境幽静，远离喧嚣，海景突出，房间方正，交通便利"的标签。

1. 配置

该地产由新世界发展有限公司于1970年代后期开发，并于1979年12月落成。整个住宅区共有1515个住宅单元，分为33个街区，编号从16到48不等。总面积高达800000平方英尺（74000平方米），仅保留十分之一的面积用于建造住宅塔楼。单位面积从1100平方英尺（100平方米）到2700平方英尺（250平方米）不等。上碧瑶湾由19～27座（奇数）和20～26座（偶数）组成；下碧瑶湾靠近数码港，由16～18座和28～48座（偶数）组成（图11-1、图11-2、表11-1）。

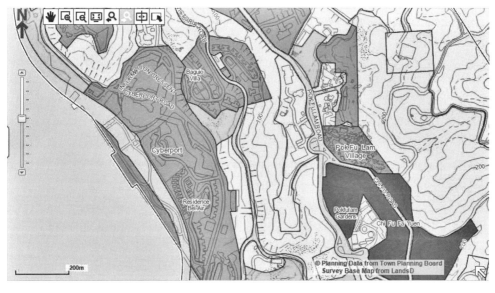

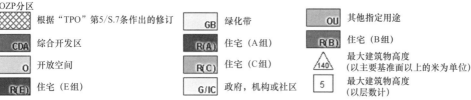

图11-1 数码港法定图则

（来源：香港法定图则的汇总与查询系统）

图 11-2　数码港照片（笔者于 2015 年 10 月所摄）

2. 设施

上碧瑶湾

上碧瑶湾有一个游泳池、一个网球场、一个操场和一条慢跑小径。此外，还有一个由 440 个车位组成的多层游客停车场。

下碧瑶湾

这里有一个百佳百货公司（PARKnSHOP），几家房产中介，还有一个游泳池、一个网球场、一个游乐场、一条慢跑小径和一个由 40 个车库组成的游客停车场。

3. 购物

下碧瑶湾有一家百佳超市，步行即可到达数码港购物中心。

4. 交通

有两辆正在使用中的小型巴士。小巴 8 号来往于碧瑶别墅（终点站在下碧瑶湾）和中环（交易广场）巴士总站。小巴 28 号来往于铜锣湾的碧瑶山庄（终点站在上碧瑶湾）与新会道之间。可在数码港搭乘城巴（香港）73 号线巴士前往赤柱市集（图 11-3）。

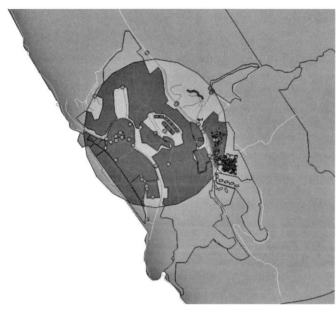

图 11-3　数码港 GIS 过程（笔者自绘）

数码港的土地混合度为 0.674（LUM3）及 0.644（LUM6）；街道连接度为 101.96；商业密度 0.100，居住密度 1.349。从长者每周平均运动量来看，静坐时间为 2345 分钟；步行时间为 112467 分钟；中度体能运动为 250 分钟；重度体能运动为 25.5 分钟（图 11-4～图 11-6）。

在 6 个研究案例中，数码港的教育/职业水平最高，对自我健康的满意度也最高。大量研究表明，学历越高的人对健康也越重视，越有积极运动的概念。

图 11-4　数码港 GIS 节点

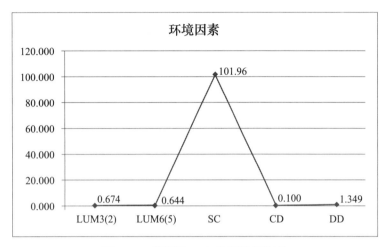

图 11-5　数码港 GIS 分析结果汇总

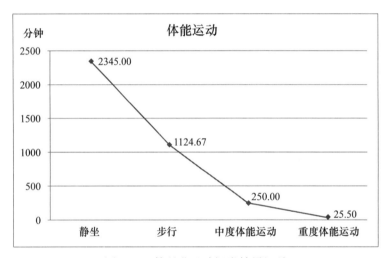

图 11-6　数码港运动问卷结果汇总

数码港 GIS 数据汇总　　　　表 11-1

项目		数值	
街道连接度（SC）		101.96	
节点		1029	
商业密度（CD）		0.100149	
住房密度（DD）		1.349053	
居民密度（RD）		0.101797（人/平方米）	
收入		39083（港元/户/月）	
土地混合度 3（2）		0.673984	
土地混合度 6（5）		0.643674	
居住	1059544（平方米）	娱乐	13651（平方米）
商业	78657（平方米）	教育	172950（平方米）
办公	355880（平方米）	医疗	0（平方米）

第 12 章 讨论——向香港学习什么

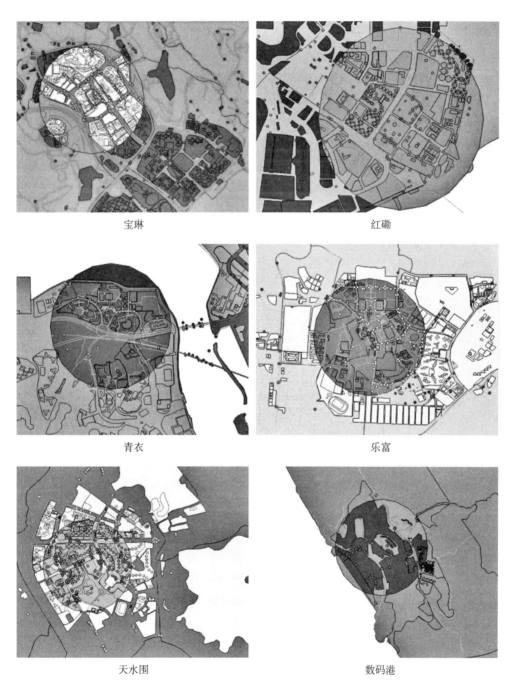

宝琳　　　　　　　　　　　红磡

青衣　　　　　　　　　　　乐富

天水围　　　　　　　　　　数码港

图 12-1　六个研究案例 GIS 过程（笔者自绘）

在所有社区中，乐富的男性比例和平均年龄最高；数码港的教育／职业水平最高，对自我健康报告的满意度也最高（图12-1）。乐富的步行时间最高，红磡的步行时间最低；宝琳的中强度体能运动时间最高，天水围的中强度体能运动时间最低。相关性及逻辑回归结果的汇总如表12-1：

相关性及逻辑回归结果的汇总表　　　　　表12-1

社会人口特征	静坐时间	行走时间	中度体能活动时间	重度体能活动时间
性别				
男性	土地混合度（$P=0.325^{**}$） 年龄（$P=-0.254^*$） E14（人行天桥）（$P=-0.278^{**}$）	商业密度（$P=-0.316^{**}$） E48（银行）（$P=-0.230^*$）	—	E18（架空层）（$P=0.205^*$）
女性	—	年龄（$P=-0.277^*$） 土地混合度（$P=0.231^*$） E55（博物馆）（$P=0.258^*$）	E54（运动场）（$P=0.391^{**}$）	前职业（$P=0.242^*$）
年龄				
65～74	性别（$P=0.251^*$） E60（宗教场所）（$P=-0.344^{**}$）	商业面积（$P=-0.208^*$） E29（建筑多样性）（$P=0.268^{**}$）	E72（步行难度）（$P=-0.216^*$）	商业面积（$P=-0.219^*$）
75～84	性别（$P=-0.292^*$） 土地混合度（$P=0.330^{**}$） E68（公交车站）（$P=-0.367^{**}$）	土地混合度（$P=0.468^{**}$） E55（博物馆）（$P=0.480^{**}$）	健康（$P=0.267^*$） 住宅面积（$P=-0.288^*$） E07（道路连贯性）（$P=-0.388^{**}$）	—
85+	—	节点（$P=0.624^*$） E29（建筑多样性）（$P=0.688^{**}$）	健康（$P=0.571^*$） E36（书店）（$P=0.544^*$）	—
教育背景				
无	—	年龄（$P=-0.381^*$） 商业面积（$P=-0.471^{**}$） 土地混合度（$P=0.417^*$） E34（服装店）（$P=-0.764^{**}$）	—	—
初等教育	年龄（$P=-0.218^*$） 土地混合度（$P=0.238^*$） E55（博物馆）（$P=0.243^*$）	娱乐面积（$P=0.349^{**}$） 商业密度（$P=-0.372^{**}$） E61（图书馆）（$P=0.393^{**}$）	E17（扶梯架空层）（$P=0.256^*$）	—
高等教育	土地混合度（$P=0.335^{**}$） E07（道路连贯性）（$P=-0.415^{**}$）	E42（面包房）（$P=-0.269^*$）	—	E1（架空层）（$P=0.341^{**}$）

续表

社会人口特征	静坐时间	行走时间	中度体能活动时间	重度体能活动时间
前职业				
家庭主妇	—	年龄（$P=-0.507^*$） E48（银行）（$P=-0.523^*$）	医疗面积（$P=-0.539^*$） E17（扶梯架空层）（$P=0.627^{**}$）	—
蓝领	—	年龄（$P=-0.198^*$） 商业面积（$P=-0.306^{**}$） E55（博物馆）（$P=0.309^{**}$）	办公面积（$P=-0.211^*$） E66（泳池）（$P=0.259^{**}$）	—
白领	商业密度（$P=-0.502^{**}$） E14（人行天桥）（$P=-0.542^{**}$）		E41（西式咖啡店）（$P=0.297^*$）	道路连接度（$P=0.336^*$） E18（架空层）（$P=0.323^*$）
自评健康状况				
很差	—	年龄（$P=-0.480^*$） 商业面积（$P=-0.524^*$） E10（障碍物）（$P=-0.781^{**}$）	—	
一般	E46（电影院/剧院）（$P=0.224^*$）	年龄（$P=-0.227^*$） 道路连接度（$P=0.244^*$） E52（公园）（$P=0.253^*$）	E31（超市）（$P=0.230^*$）	
很好	土地混合度（$P=0.246^*$） E56（社区/长者中心）（$P=-0.268^*$）	商业密度（$P=-0.343^{**}$） E71（步行的吸引度）（$P=0.334^{**}$）	年龄（$P=0.290^*$） E25（清洁度）（$P=-0.396^{**}$）	—

这项研究发现了静坐时间和土地混合度 6 的正相关关系（$P=0.209^{**}$；$R^2=0.044$），步行时间与商业密度（$P=-0.284^{**}$；$R^2=0.081$）和年龄（$P=-0.198^{**}$；$R^2=0.039$）呈负相关，重度体能运动时间也与商业区呈负相关（$P=-0.149^*$；$R^2=0.022$）。在环境审计项目中，E68（公交停靠站）与静坐时间呈负相关（$P=-0.226^{**}$；$R^2=0.051$）；E55（博物馆）与步行时间正相关（$P=-0.303^{**}$；$R^2=0.092$）；E64（公厕）与中度活动时间呈负相关（$P=-0.200^{**}$；$R^2=0.040$）；E18 与重度体能运动时间呈正相关（$P=-0.176^*$；$R^2=0.031$）。

关于每个社区的平均人数，就 GIS/人口数据而言，这项研究发现静坐时间和健康呈正相关（$P=0.821^*$；$R^2=0.674$）；而步行时间和商业密度呈负相关（$P=-0.871^*$；$R^2=0.759$）；重度体能运动时间和商业区（$P=-0.820^*$；$R^2=0.673$）。在多重回归结果中，重度体能运动时间也被发现与医院面积（$R^2=0.217$）呈正相关，而与土地混合度 3 呈负相关（$R^2=0.135$）。在环境审计项目方面，72 个项目中有 5 项与 PA 相关，即：E46（电影/剧院）与静坐时间（$P=-0.847^*$）呈正相关，而 E68（巴士站）与静坐时间呈负相关（$P = -0.851^*$）；E55（博物馆）与步行时间呈正相关（$P = 0.928^*$）；E64（公厕）与中度体能运动时间呈负相关（$P = -0.982^*$）；E60（宗教场所）与重度体能运动时间呈正相关（$P = -0.957^*$）。在多重回归结果中，发现 E72（步行困难）与静坐时间呈正相关（$R^2 = 0.424$）。

简而言之，体育活动与社会经济地位之间的关系是，年龄和教育程度调节了关联，年长和受教育程度较低的参与者表现出与若干感知的环境属性更强烈的联系。数据分析后又进行了几轮现场调查，结果相当相似，证明了数据的有效性。

12.1 环境与体能运动关系

12.1.1 娱乐

结果表明，娱乐面积与 65~74 岁年龄组（$P = 0.349^*$；$R^2 = 0.122$），R^2 和初等教育组（$P = 0.349^{**}$；$R^2 = 0.122$）的步行时间呈正相关。泳池也与蓝领组的中度体能运动时间（$P = 0.259^*$；$R^2 = 0.067$）呈正相关。博物馆被发现与女性步行时间呈正相关（$P = 0.258^*$；$R^2 = 0.066$）。宗教场所与 65~74 岁年龄组的静坐时间呈负相关（$P = -0.344^*$；$R^2 = 0.119$）。书店/文具店被发现与 85 岁以上年龄组的中度体能运动时间呈正相关（$P = 0.544^*$；$R^2 = 0.296$）。图书馆被发现与初等教育组的步行时间正相关（$P = 0.393^*$；$R^2 = 0.154$）。电影院/戏院与一般健康组的静坐时间呈正相关（$P = 0.224^*$；$R^2 = 0.050$），而社区/老年中心与良好健康组静坐呈负相关（$P = -0.268^*$；$R^2 = 0.072$）。高架地面与居家群体（$P = 0.627^*$；$R^2 = 0.393$）和初等教育组（$P = 0.256^*$；$R^2 = 0.065$）的中度体能运动时间呈正相关；架空层与男性组（$P = 0.205^*$；$R^2 = 0.042$），高等教育组（$P = 0.341$；$R^2 = 0.116$）和白领组（$P = 0.323^*$；$R^2 = 0.104$）正相关。由于香港的长者通常喜欢利用这个区域下棋、聊天或休息。运动场被发现与女性组的中度体能运动时间呈正相关（$P = 0.391^*$；$R^2 = 0.153$）。公园对娱乐也很重要；公园的一些地方是坐着欣赏风景的，有些地方配备了锻炼的设施（根据笔者的观察）。公园被发现与一般健康组步行呈正相关（$P = 0.306^*$；$R^2 = 0.094$）。

12.1.2 商业

商业区和密度反复被发现与步行时间负相关：男性（$P = -0.316^*$；$R^2 = 0.100$），65~74 岁年龄组（$P = -0.208^*$；$R^2 = 0.043$），蓝领组（$P = -0.306^*$；$R^2 = 0.094$），较差健康组（$P = -0.524$；$R^2 = 0.752$），和较好健康组（$P = -0.343^*$；$R^2 = 0.118$）。在 65~74 岁年龄组（$P = -0.219^*$；$R^2 = 0.048$）中，商业区和密度也被认为与重度体能运动时间负相关。银行被发现与男性群体的步行时间呈正相关（$P =$

-0.306^*；$R^2 = 0.094$），而西式／国际咖啡店与白领群体的中度体能运动时间呈正相关（$P = 0.297^*$；$R^2 = 0.088$）

12.1.3 土地混合度

土地混合度6与男性组的静坐时间呈正相关（$P = 0.325^*$；$R^2 = 0.105$）和初等教育组（$P = 0.238^*$；$R^2 = 0.057$），女性组的步行时间（$P = 0.231^*$；$R^2 = 0.053$），75~84岁年龄组（$P = 0.468^*$；$R^2 = 0.219$）呈正相关；土地混合度3被发现与高等教育组（$P = 0.335^*$；$R^2 = 0.112$）和良好健康组（$P = 0.246^*$；$R^2 = 0.061$）的静坐时间呈正相关，与无教育组的中度体能运动时间呈正相关（$P = 0.417^*$；$R^2 = 0.174$）。医院区域被发现与居家组的中度体能运动呈负相关（$P = -0.539^*$；$R^2 = 0.290$）。办公面积也被发现与蓝领组的中度体能运动时间（$P = -0.211^*$；$R^2 = 0.045$）负相关。

12.1.4 街道连接度

土地混合度和街道连接度被反复发现与步行时间、中度体能运动和重度体能运动正相关，而与静坐时间负相关。对于以前／目前从事白领职业的长者来说，街道连通度与重度体能运动正相关（$P = 0.336^*$；$R^2 = 0.113$）。对于良好健康状况的长者，街道连通度亦与步行时间呈正相关（$P = 0.244^*$；$R^2 = 0.060$）。

12.1.5 交通

与美国和其他西方国家的城市相比，中国香港是一个人口稠密的亚洲大都市，公共交通高度发达。桥／立交桥与男性（$P = -0.278^*$；$R^2 = 0.106$）和白领组（$P = -0.542^*$；$R^2 = 0.293$）静坐时间呈负相关。节点与85岁以上年龄组的步行时间呈正相关（$P = 0.624^*$；$R^2 = 0.390$）。道路连接度与高等教育组的静坐时间呈负相关（$P = -0.415^*$；$R^2 = 0.72$）。障碍与较差健康组长者的步行时间负相关（$P = -0.781^*$；$R^2 = 0.610$）。公交站与75~84岁年龄组的静坐时间呈负相关（$P = -0.367^*$；$R^2 = 0.134$）。公共交通良好的地区被称为高可行性环境。此外，到设施的距离与无组织的参加频率正相关，但不包括有组织的体能项目。

12.1.6 美观

建筑多样性被发现与65~74岁年龄组（$P = 0.268^*$；$R^2 = 0.072$）及85+的年龄组（$P = 0.688^*$；$R^2 = 0.474$）的步行时间正相关。步行的吸引力也被发现与良好健康组步行时间正相关（$P = 0.334^*$；$R^2 = 0.111$）。令人愉悦的美感与四个体能运动变量正相关，研究结果与在美国、巴西和日本进行的其他研究类似。令人愉悦的美感似乎是促进老年人体能运动的重要环境因素。

12.1.7 其他

香港是一个多山的城市。人行道的存在和没有山坡与除此之外的 PA 的正相关。桑托斯（Santos，2008 年）等人报告表明，人行道的存在与通往目的地（包括娱乐设施）之间有着密切的联系。卫生诊所/服务和礼拜场所的存在以及餐馆的盛行与在所审查的环境条件下与社区内的交通步行显著正相关。这表明，保健、参与宗教活动、外出就餐，以及社区/老年人中心对香港长者尤其重要。根据研究结果，包括书店/文具店或博物馆在内的教育机构也很重要。

12.2 SES 与 PA

PA（体能运动）的结果在很大程度上取决于个人的 SES（社会经济地位）。一般来说，年龄对 PA 是负面的，健康对 PA 是正面的。年龄与女性（$P = -0.277^*$；$R^2 = 0.076$），无教育组（$P = -0.381^*$；$R^2 = 0.145$），居家组（$P = -0.507^*$；$R^2 = 0.257$），蓝领组（$P = -0.198^*$；$R^2 = 0.039$），较差健康组（$P = -0.480^*$；$R^2 = 0.231$），一般健康组（$P = -0.227^*$；$R^2 = 0.051$）和良好健康组（$P = 0.290^*$；$R^2 = 0.084$）的步行时间呈负相关。对于女性群体，职业与重度体能运动时间呈正相关（$P = 0.242^*$；$R^2 = 0.058$）。年龄也被发现与男性组（$P = -0.254^*$；$R^2 = 0.064$）和初等教育组（$P = -0.218^*$；$R^2 = 0.048$）的静坐时间负相关。性别与 65~74 岁年龄组的静坐呈正相关（$P = 0.251^*$；$R^2 = 0.119$），而与 75~84 岁年龄组的静坐时间呈负相关（$P = -0.292^*$；$R^2 = 0.086$），这意味着 65~74 岁的男性在静坐上的时间往往比女性多，而 75-84 岁的男性在静坐上的时间往往比女性少。

邻里 SES 的分层显示，高 SES 社区随访的总步行量与客观测量的近公园和基线小径正相关，而低 SES 社区则不相关。根据最近的两项研究，报告还假设相关模式因性别、年龄和教育程度而有所差异，较脆弱的老年人（年长和受教育程度较低）受到环境属性的影响更大。从表 3 中我们可以看到，自我报告健康较差的长者也受到环境属性的影响较大。年龄是物理环境与 PA 之间关系的另一个调节。将参与者分为 66~75 岁年龄组和 76 岁以上年龄组，发现 76 岁以上年龄组的自然环境与娱乐和交通步行之间的关系没那么正相关。这些差异可能由年龄最大的年龄组中功能限制普遍增加来解释。对于这组来说，非常具体的物理特征（路面上的斜坡，红绿灯提供穿越街道的时间）在非常靠近他们家的距离内可能更相关地决定娱乐步行或交通步行。

此外，对于老年人类别来说，某些特定的娱乐设施的存在可能影响相当大。在 80 岁及以上的参与者中，查德（Chad，2005 年）等人报告说，总 PA 量与娱乐设施的存在有正相关关系，但不存在于较年轻的年龄组。

没有受过正规教育的香港长者，似乎特别受邻里环境的影响。具有较高教育程度的长者通常更了解与积极的生活方式相关的健康益处，这可能导致他们更有内在动机进行定期锻炼，因此受到不利环境条件的影响较小。还有一些证据表明，较高的教育程度与来自家人和朋友的更高社会支持有关，这可能也保护他们免受负面环境影响的影响。

12.3 结论与展望

本章主要论述了案例研究的结果，并与其他学者的研究成果进行了比较，特别是广泛采用环境行为理论的西方同行。大多数研究结果与其他研究结果是一致，例如最脆弱的长者（年长和受教育程度较低）受到环境属性的影响更大。根据香港独特的社会和自然环境，亦有许多不一致的发现，例如商业区/密度及教育面积与步行显著相关，而环境审核项目内，社区老年人中心（E56）及宗教场所（E60）与静坐呈负相关。这表明，参与宗教活动以及社区/老年人中心对香港长者来说，可能特别重要。整体上，中国香港长者的 PA 水平较西方国家高。《环境与老龄化：香港老年人环境政策、规划及设计》（菲利普斯等人，1999 年）一书概述了香港的情况。社会环境的质量和范围，包括商店、服务、安保、交通和住房等基础设施的社会支持与物质供应同样重要。建议进行综合规划。它允许人们在地安老，只需很少的必要个人调整即可。本书的贡献是为城市和建筑设计的宏观、中观和微观层面的规范和法规提供参考。

12.3.1 重要发现回顾

根据最新统计，中国香港男女寿命世界排名第一。日本健康与福利部门公布的数据显示，中国香港女性的平均寿命为 87.32 岁，而男性的平均寿命为 81.24 岁。女性寿命第二和第三是日本和西班牙，平均寿命分别为 87.05 和 85.58 岁。另一方面，瑞士和冰岛男性以平均寿命 81 岁并列第二。平均而言，日本男性的寿命为 80.79 岁，排名第三。积极步行可能是贡献了更长寿命的原因之一。总体而言，本书采用的方法为社会科学调查、社会科学统计方法（SPSS）、扎根理论和环境行为学等。

现有关于环境对老年人影响的研究相当有限，而理论模型决定了概念和变量的选择。一些资料列出了老年人日常活动的环境指标。虽然在环境行为上有许多类研究，但是对于老年人行为的研究还是缺乏质量和一定的数量。这项研究有助于提供一个促进香港老年人积极生活的环境。通过对香港高密度建筑环境下不同社区的比较，最终，一些设计的建议和指导方针将会提出。结果可能是参考香港地区在地安老的可行性、不同类型社区的使用后评价，以及"通用设计"的可能性。

中国香港的政策和许多其他国家是相似的，老年人应该理想地安置在社区中，最好是尽可能长久地在自己的家里。如果当地环境在物质上和社会上都适合日益增多的老龄化人口，这一概念与在地安老——当地人口在自己的环境中自然老化——将变得更加容易和成功。通过对比关于青年人和老年人的研究回顾，发现关于老年人的研究数量有限。一个令人鼓舞的发现是，最近关于这个年龄组的文章发表有所增加。然而，对老年人群体的研究在质量和数量上仍然很缺乏。

总的来说，虽然香港拥有非常高密度的有限空间，但是仍然有几种特点促进了老年人的体能运动。紧凑、高密度、出行目的地选择丰富、易达的发达公共交通网络，以及文化因素可能是导致中国香港老年人的步行与西方相比水平更高的原因。

首先必须指出的是空间并不单单地等同于地方。步行可分为5个层次：可行性、无障碍性、安全性、舒适性和愉悦性。同样的，也会有必要性活动、自发性活动和社会性活动，只是后者发生在适当的条件下。空间的存在并不能保证活动的发生。举个例子，公园的存在并不能保证老年人们聚集在公园，如果公园是用来欣赏景色的，肯定会有一处很棒的景观。如果公园是用来运动的，那就必须考虑到安全措施，例如防滑地板和扶手。即使是对于仅仅想要出去散步的老年人，也必须提供休息座位，公共厕所也必须足够干净。如果对于团体活动或者是使用者只想单独一人，必须考虑到隐私问题，为他们提供一些相对封闭的空间。

其次是基础设施。香港拥有独立的人行天桥系统，通过私人建筑提供更多的公共空间，额外的区域可以奖励给开发商。因此，高度发达和复杂的人行天桥系统在香港随处可见，为行人提供了绝好的遮蔽，更重要的是高峰期过马路时的安全性，而且大多数都配备有自动扶梯。

再次，公共交通对于区域间的无障碍可达性非常重要；老年人可以方便地处理日常事务或在其他地方锻炼。

最后，中国老年人的文化通常是一种积极的生活方式，对于香港的长者来说，他们喜欢和朋友一起饮茶。这种社会联系有助于更多的体能运动。虽然社会经济地位、个人健康、性格和很多其他因素促使在相同的环境属性下，结果也会不同，但中国老年人的体能运动在总体上要高得多。

社会环境的质量和范围以及商店、服务、安全、交通和住房等社会支持的基础设施与物质供应一样重要。建议宜采用综合规划，因为它让人们在最小限度的个人调整情况下变老。本书旨在为香港的在地安老设计提供参考。

12.3.2 研究的局限性和对未来研究的建议

本书存在几个局限性。首先，试点调查的样本和研究案例非常有限。在试点调查中，只有20名居民和9名专业人士接受采访，在6个社区的研究案例中，只有180名老年人愿意接受问卷调查。没有收集到更多样本的原因是对于使用者来说，作为一个弱势群体，老年人总是高度警觉并且通常拒绝陌生人走上前问他们问题；对于专业人士来说，大多数人都忙着做相关的项目，没有时间接受采访。其次，笔者单独进行的环境审计，只基于建筑背景的判断，没有被第二个实施者审查。最后，SPSS中的数据分析只采用了相关性和多元线性回归，没有采用进一步的方法。在未来的研究中，会包括更多的样本以及采用更复杂和系统的方法，以便更好地看待整个长者群体。环境属性的每一个方面都可以深入挖掘并单独研究。本书希望为未来的研究提供一个整体的观点。

总之，中国香港有很高的密度和有限的空间。与西方相比，其出行目的地丰富的性质、易达的发达公共交通网络以及文化因素可能有助于老年人达到更高的体能运动水平。在宏观层面，即规划框架和社会经济文化环境，对香港的老年人们来说，社会的联系更加紧密，如他们有饮茶文化，这对PA有很大贡献。还有对老年人的家庭联系和尊重相对更强了。所以坚持在地安老政策仍是方向。在中观层面，即社区。首先，土地混合度和街道连接度是在城市规划中需要考虑的重要指标。其次，娱乐空间包括绿地、公园和娱乐设施对老年人的步行和中度/重度体能运动至关重要。所以绿地应该被尽可能地考虑到，虽然香港有很高的密度和有限的空间。绿地不仅是为了美观，也是为了提供活动空间。毕竟，建筑起源于分离人类与野生自然的庇护所。在香港，除了公园和游乐场外，架空层也与长者的PA密切相关，根据笔者的观察，老年人喜欢在这种区域下棋、聊天或休息（数据未显示），因为它为社交提供了庇护所。因此有好的风景和设施的庇护所也应该被考虑在场地规划设计里。然后，商业密度与不同群体的PA呈负相关和正相关。杂货店、市场和餐厅等服务对老年人的日常生活是必不可少的，应该在附近方便地设置以满足老年人的需要。幸运的是，香港的基础设施、桥梁/人行天桥系统、公共交通包括地铁和公共汽车/小型巴士，即使不在附近，他们也能方便地到达目的地。政府鼓励桥梁/人行天桥系统，如果私人建筑贡献了更多的公共空间，就奖励开发商额外的面积。在微观层面，例如光滑的地板和扶手、轮椅的空间、增加坡道和寻路，政府已经出台了许多设计指南、规范和规章，但它们通常只适用于生理模型，仅仅关注安全问题。虽然目前的决定性文献确定了一些与年轻人和老年人参与体能运动相关的变量，但其他变量似乎只对老年人特别有影响，其中包括交通问题、医疗问题，包括认为缺乏能力和对锻炼和身体活动的错误信念，以及疾病和受伤。还包括参加宗教活动，在社区/老年人中心享受时光，或接受教育的机会等，正如本书的研究结果所显示的，这些对香港长者的行为也有很大的影响。

为了促进流动性和社会参与，这些干预措施必须考虑到接近资源和娱乐设施、社会支持、交通、社区安全和步行环境等对使用者的友好性。它们有助于促进社区驱动的发展或老年人的积极生活。最近的出版物已经开始关注这个年龄组，然而，对老年人的研究仍然缺乏质量和数量。本书希望能为设计思路提供参考，这也许是未来的发展方向。

缩 写 一 览

BE	（Built environment）	建成环境
CD	（Commercial density）	商业密度
DD	（Dwelling density）	住房密度
HKHA	（Hong Kong Housing Authority）	香港房屋委员会
HKHS	（Hong Kong Housing Society）	香港房屋协会
IPAQ-E	（International physical activity questionnaire-elderly）	国际体能运动问卷长者版
LUM	（Land use mix）	土地混合度
MVPA	（Moderate-to-vigorous physical activity）	中强度体能运动
PA	（Physical activity）	体能运动
PD	（Planning Department）	规划署
RD	（Residential density）	居民密度
SC	（Street connectivity）	街道连接度
SWD	（Social Welfare Department）	社会福利署
WHO	（World health organization）	世界卫生组织

附录 A 香港特别行政区政府统计处老龄化数据

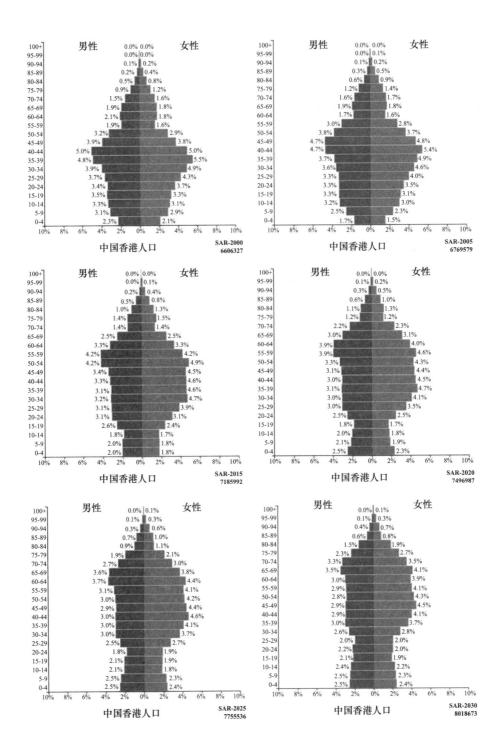

附录 B 知情书

知情同意书—访谈问卷：
香港城市大学研究项目参与者同意声明

香港社区适老性研究
臧鹏——博士候选人
建筑与土木工程学院
香港城市大学
pzang4-c@my.cityu.edu.hk

参与者
感谢您抽出宝贵的时间考虑这次访谈问卷。根据您的年龄及居住所在地，您被选为参与者。您参与此项目是自愿的，要求您阅读此同意书并提出任何问题，然后才能参与本研究。

风险及收益
您参与该项目不会干扰正常的日常生活。没有任何费用或其他好处。识别信息将从所有收集的数据中删除。

保密协议
所有评论和回应都是匿名的，将被保密处理。任何答复中均无需提供个人姓名。研究记录将被安全地存储，只有研究人员才能访问这些记录。

自愿性
您是否参与的决定不会对您当前或将来与香港城市大学的关系产生任何影响。如果您同意参与，则可以在项目进行期间的任何时间退出参与，而不会受到任何处罚。

参与同意
需要以下签名以表明您同意参与该项目。

关于此项目的疑问 / 其他信息
如有任何疑问或需要有关该项目的更多信息，请与研究人员联系。

同意声明
在下面签名，表示您：
- 阅读并理解了有关该项目信息的文件。
- 知悉如果您还有其他疑问，可以联系研究人员。
- 知悉您可以随时退出，而不会受到任何惩罚。
- 知悉该项目将包括一个录音。
- 同意参与该项目。

姓名
签名
日期　　/　　/

请将此表返还给研究人员。

附录 C 国际体能运动问卷——长者版（IPAQ-E）

社会人口特征：

性别：男／女

年龄：	65～74	75～84	85+
教育程度：	中等及以上	初等教育	无
前职业：	居家	蓝领	白领
自评健康状况：	很好／好	一般	不好／很不好

体力活动：

1. 第一个问题是关于您在过去的 7 天里静坐的时间。包括工作时间及居家休闲时间。可能包括：坐在桌边，拜访朋友，阅读，坐着或躺着看电视。

   在过去的 7 天里，您每天静坐的时间大概是？
   ＿＿＿＿＿＿小时＿＿＿＿＿＿分钟

2. 回想您在过去的 7 天里步行的时间。包括工作时间及居家时间，从一个地方去到另一个地方，以及其他专门娱乐，运动，锻炼或休闲的步行时间。

   在过去的 7 天里，您至少步行
   10 分钟的天数是？　　　　　　　您每天步行的时间大概是？
   ＿＿＿＿＿＿天　　⇨　＿＿＿＿＿＿小时＿＿＿＿＿＿分钟
   或
   □ 无

3. 在过去的 7 天里，您做中度体能活动比如园艺，打扫，骑单车，游泳或其他健身运动的天数

   回想您做这些体能活动
   至少 10 分钟的天数是
   （不包括步行）？　　　　　　　您每天做中度体能活动的时间大概是？
   ＿＿＿＿＿＿天　　⇨　＿＿＿＿＿＿小时＿＿＿＿＿＿分钟
   或
   □ 无

4. 在过去的 7 天里，您做重度体能活动比如举重物、繁重的园艺或建造工作、有氧运动、慢跑或快速骑单车的天数

回想您做这些体能活动至少 10 分钟的天数是？　　　　　　您每天做重度体能活动的时间大概是？
_____ 天　　⇨　　_____ 小时 _____ 分钟

或

□ 无

附录 D 环境审计工具

观察者 ID			1	2	3	4	5
日期（月/日/年）							
小区 ID（海滨/坡度）							
开始时间							
温度（℃）							
是否下雨							
无（1）一点（2）一些（3）大多（4）全部（5）							
功能							
1. 建筑							
1a 建筑类型							
独栋房屋	1						
多户房屋	2						
4~6层，7~12层，13~20层以及20层以上的公寓	3						
2. 步行/自行车地表							
2a 适合步行的路径类型	4	人行道、有标记的共享道路等					
2b 适合步行的地表	5	防滑、平整等					
2c 良好的维护	6	这条路很平坦，没有洞、裂缝、杂草或树根					
2d 路径的连续性	7	路径形成了有用的、连续的、有条理地穿过社区					
2e 直接路径	8	路径形成了到目的地的直接路径					
2f 宽度	9	根据法规和规章					
2g 障碍	10	车辆停放等					
2h 坡度	11	这条路有多陡					
3. 渗透性							
3a 街道连接度							
死胡同	12	死角					
路段内三个以上的交点	13						
3b 其他通道							
桥/天桥	14						

项目	编号	描述									
3c 遮蔽											
有顶棚的人行道	15										
凉亭	16					■	■	■			
高架地面	17					■	■	■			
架空层	18					■	■	■			
安全											
4. 照明	19					■		■			
5. 监控	20					■		■			
6. 交通十字路口的支持	21										
7. 缓冲带	22					■					
8. 有标志的车道	23										
美观											
9. 行道树	24					■		■			
10. 清洁度	25					■					
11. 风景（海景/山景/无）	26	附近有各种各样的，有趣的和不同的景观				■		■			
12. 公园（为美观）	27					■		■			
13. 良好的维护	28	草坪、树木和花园都得到很好的照顾				■		■			
14. 建筑多样性	29	多样而有趣的建筑设计									
目的地											
15. 商业目的地											
便利店	30										
超市	31										
新鲜食物	32										
五金店	33										
服装店	34										
药店	35										
书店/文具店	36										
连锁快餐	37										
中式咖啡/茶	38										
中式非快餐	39										
西式/国际非快餐	40										
西式/国际咖啡	41										
面包店	42										
宾馆	43										
仓库	44										
赛马会分行	45										

电影院／剧院	46					
办公大楼	47					
银行	48					
DVD／影碟出租	49					
洗衣店	50					
沙龙／理发店	51					
16. 公共开放空间						
公园	52					
海滩	53					
操场	54					
17. 市政／公众服务						
博物馆	55					
社区／老年中心	56					
警察局	57					
卫生服务	58					
学校	59					
宗教场所	60					
图书馆	61					
邮局	62					
18. 公共设施						
长椅／坐的地方	63					
公共厕所	64					
19. 娱乐设施						
户外运动场地	65					
游泳池	66					
健身房／健身设施	67					
20. 公共交通						
公交车站	68					
小巴站	69					
地铁	70					
主观评价						
21. 步行的吸引	71					
22. 步行的困难度	72					
结束时间						

注释：

附录 E　术语表

1. **公屋**：即香港公共屋邨，是由香港房屋委员会或香港房屋协会兴建的公共房屋。

2. **居屋**：居者有其屋计划，简称"居屋计划"，由香港前总督麦理浩爵士于 1970 年代所推行，原意是为一些收入不足以购买私人楼宇，又不合资格（或不愿意）入住公屋的市民提供另一种选择。此计划内兴建的屋苑称为居者有其屋屋苑，通称居屋。

3. **单元**：香港用于描述一套完整的户型，相当于内地的一套房。

4. **9073 政策**：政府提出建立以居家为基础、社区为依托、机构为支撑的"9073"养老服务体系，即 90% 的老年人在社会化服务协助下通过家庭照料养老，7% 的老年人通过购买社区照顾服务养老，3% 的老年人入住养老服务机构集中养老。

5. **成功老化**：老化指变老的过程。老人们快乐、满足、幸福地度过老化这个时期，在生理、心理和社会等方面都感到相对适应，即为成功老化。

6. **香港房屋委员会**：1973 年，政府根据房屋条例成立了法定机构香港房屋委员会，合并了原属不同系统的公屋，房委会根据政府整体房屋政策大纲，负责推行香港的住房计划和兴建公共房屋，统筹所有政府公屋供应、编配和管理事务。房委会下设六个常务小组委员会及多个附属小组委员会和专责小组委员会，负责制定及实施不同范畴的政策，以及监督推行情况。分别负责处理策划、建筑、投标、商业楼宇、财务及资助房屋等事务。

7. **香港房屋协会**：成立于 1948 年，1951 年正式注册成为法定机构。房协是一个独立的非营利房屋机构，旨在解决低下收入阶层的住房问题，因而可以获得政府低价划拨的土地用于兴建廉租屋村。1970 年代后期，由于港府对公共房屋加以重视，房协除了协助港府安置居民的郊区公共房屋，兴建住宅发售计划及夹心阶层计划的房屋外，还将重点转向市区改善计划上面。目前，房协下设建筑与招标、物业发展、屋村及物业管理、财政及行政四个常务小组。

8. **长者住屋**：为照顾长者的住屋需要，香港房屋委员会（房委会）和香港房屋协会（房协）分别为长者提供不同种类的公共房屋资助，包括优先编配公屋计划、为长者而设的特别住屋、长者维修自住物业津贴计划等。

9. **小型独立单元**：香港房屋委员会及香港房屋协会均提供专为长者而设的特别住屋单元。房委会为长者提供的租住公屋主要分为长者住屋及小型独立单元：长者住屋设有舍监服务，提供共用和休憩设施；小型独立单元备有切合长者需要的设备，例如防滑地砖和推杆式水龙头。

10. **私人机构参建居屋计划**：1997 年香港回归后，特区政府鉴于楼宇价格过高对香港竞争力的影响，认为降低楼价利于改善民生，因此放弃高地价政策。1998 年亚洲金融危机来袭，港府仍坚持大量增建楼宇，结果造成供过于求，楼价暴跌。面对这一局面，特区政府为了"稳定楼市"，于 2003 年 9 月宣布了四项措施，包括无限期停建及停售居屋、终止私人机构参建居屋、停止推行混合发展计划，以及停止租者置其屋计划等，"可售"类的公屋政策全面暂停。

11. **新长型大厦**：香港公共屋邨的一款标准大厦设计，其设计改良自旧长型大厦，于 1986～1991 年间落成的公共屋邨中最为常见，而且在屋邨设计中经常与 Y 型大厦（尤其是 Y3 及 Y4 型）一并兴建。

12. **彩颐居**：香港房屋协会与香港圣公会福利协会合办的"长者安居乐"屋苑，位于香港牛头角佐敦谷，邻近港铁牛头角站及淘大花园。它是香港两个同类屋苑之一，另一个是将军澳坑口的乐颐居。入住的长者符合一定的资产限额后，只需一次或分期缴付"租住权费"，即可长期租住，直至终老，无须再按月交租。屋苑有两座楼宇，在 2004 年落成。

13. **松明舍**：主要提供二人及四人的老年人居住单元。各单元的内部设置对流窗、露台及花槽等，单元内设有独立的厨房及浴室等设备，单元除厨房及浴室外，内部没有固定间格，但窗户位置已按预计的房间位置设定好，居民可按需要分间成一房～两房单元。

14. **SPSS（Statistical Product and Service Solutions）**："统计产品与服务解决方案"软件。最初软件全称为"社会科学统计软件包"（Solutions Statistical Package for the Social Sciences），但是随着 SPSS 产品服务领域的扩大和服务深度的增加，SPSS 公司已于 2000 年正式将英文全称更改为"统计产品与服务解决方案"，这标志着 SPSS 的战略方向正在作出重大调整。SPSS 为 IBM 公司推出的一系列用于统计学分析运算、数据挖掘、预测分析和决策支持任务的软件产品及相关服务的总称，有 Windows 和 Mac OS X 等版本。

15. **GIS（Geographic Information System）**：地理信息系统，又称为地学信息系统，是一种特定的十分重要的空间信息系统。它是在计算机硬、软件系统支持下，对整个或部分地球表层（包括大气层）空间中的有关地理分布数据进行采集、储存、管理、运算、分析、显示和描述的技术系统。

16. **法定图则（Outline zoning paln）**：香港城市规划分为五个阶段，法定图则属于第三阶段，目的是为了在市场经济体制下通过土地布局拟定适宜建设的建筑物类型，从而对城市发展进行管控和指引。香港法定图则主要分为"分区计划大纲图"、"发展审批地区图"、"市区重建局发展计划图"。根据不同地区的发展阶段和管控要求，分别制定不同类型的法定图则。